Bernhard Weber

Hans im Glück

oder

Wie die Allmende laufen lernte

Via Baltica Verlag

© 2019 Via Baltica Verlag
Borgelerlinde 2b, 59514 Welver

Satz und Umschlaggestaltung: Annemarie Huckschlag, Welver
Hauptlektorat: Elisabeth Huckschlag und Norbert Graf, beide Welver

Druck: Priotex-Medien GmbH, Anröchte
Alle Rechte vorbehalten
ISBN 978-3-9820742-0-7

Inhalt:

VORWORT 7
PROLOG 9

TEIL I.
ERFAHRUNGS- UND REISEBERICHT

1. Privileg eines tollen Auftrages 11
2. Aus dem Leben unserer Dorf-Allmende 12
3. Praxisbeispiele aus Deutschland – ein Reisebericht 33
4. Hans im Glück und andere gesellschaftliche Entwicklungen ... 37
5. Zusammenfassung 49

TEIL II:
RÜCKBLICK

1. Von außen: unfassbar 51
2. Verbundenheit statt Entfremdung 56
3. Ex Oriente Lux: Wir sind das Volk! 57

ANHANG:

A. RECHT UND GESETZ
1. Aus einer künftigen Verfassung Deutschlands 67
2. Aus künftigen Bundesgesetzen 82

B. KINDER-STEMPELBUCH 86

C. INTERVIEW IM *HANS IM GLÜCK* 90

D. PROTOKOLL EINER PODIUMSDISKUSSION 97

E. LITERATUR UND ANMERKUNGEN
1. Mehrfach verwendete Literatur 138
2. Anmerkungen 140

VORWORT:

Es wäre töricht, wollte jemand ganz bestimmte gesellschaftlich-strukturelle Änderungen unbedingt durchsetzen. Zu komplex sind die Zusammenhänge und Wechselwirkungen, zu unberechenbar das menschliche Verhalten, als dass man die Folgen von Entscheidungen überblicken und vorhersehen könnte. Auch ist jegliches Gelingen von Gottes Willen und Segen abhängig. *„Wenn der Herr nicht das Haus baut, so arbeiten umsonst, die daran bauen."*[1]

Heißt das nun, die Hände in den Schoß zu legen, weil es Gott schon richten wird? Nein, im Gegenteil! Unsere menschliche Würde und die damit verbundene Freiheit und Verantwortung verlangt von uns, dass wir tätig werden. Denn die Welt ist voller Unordnung und Ungerechtigkeit. Wer sich nun für ein gutes Leben für alle, auch für die künftigen Generationen, einsetzen will, der muss bereit sein, neue Wege zu gehen, die bisher noch niemand gegangen ist. Lassen wir uns von Vorfreude und Zuversicht leiten. Gehen wir ans Werk. So Gott will, wird das scheinbar Unmögliche möglich.

Die wohlwollende Leserin und der wohlwollende Leser mögen nun von dieser unvollendeten Skizze eines Zukunftsbildes ihre Phantasie anregen lassen, einzelne Überlegungen oder Aspekte prüfen, aufgreifen, verwerfen, weiterentwickeln, in der Praxis ausprobieren oder in den politischen Prozess einbringen und mir auch gerne eine Rückmeldung geben.

Bernhard Weber,

Welver im Februar 2019

*Wirkliches Miteinanderleben von Mensch zu Mensch
kann nur da gedeihen, wo die Menschen
die wirklichen Dinge ihres gemeinsamen Lebens
miteinander erfahren, beraten, verwalten,
wo wirkliche Nachbarschaften,
wirkliche Werkgilden bestehen.*

(Martin Buber)

PROLOG

Aus einer künftigen Verfassung Deutschlands

Präambel

Wir, das mündige Volk Deutschlands, geben uns hiermit auf dem Weg eines Volksentscheides diese Verfassung.
Wir verstehen uns mehrheitlich als Gottes Geschöpfe und als seine Treuhänder, denen die Schöpfung und damit auch unser Land mit all seinen Lebensgrundlagen in Obhut gegeben wurde. Uns ist mehrheitlich bewusst, dass unser persönlicher und gesellschaftlicher Wohlstand auf den Segen Gottes angewiesen ist und zu einem großen Teil auf den Leistungen und Erfahrungen der Menschheit der vergangenen Jahrzehntausende aufbaut.
Dieses Erbe wollen wir bewahren und weiterentwickeln und mit allen Menschen der Erde teilen. Denn mit diesen fühlen wir uns geschwisterlich verbunden. Wir sind auch bereit, uns selbst zu beschränken, damit alle Menschen gut leben können. Dabei berücksichtigen wir auch die kommenden Generationen.

(Fortsetzung im Anhang ab Seite 67)

TEIL I:

ERFAHRUNGS- UND REISEBERICHT

1. Privileg eines tollen Auftrages

Besser hätte ich es nicht treffen können:
mit achtunddreißig nochmal etwas ganz anderes machen,
aus dem ungeliebten Berufsleben für ein Jahr aussteigen, um
mich für die Gesellschaft zu engagieren,
und dabei ganz nebenbei in die Euphorie einer
allgegenwärtigen Aufbruchstimmung eintauchen.

Die Entscheidung, mich an der *Wohlstands-Allmende* zu beteiligen, war mir nicht schwergefallen. Nicht nur wegen des *Grundeinkommens* und einer *guten sozialen Sicherung*. Wie ich euch schon sagte, war ich mit meinem Berufsleben unzufrieden. Der Verdienst war zwar gut; wir konnten uns alles leisten, was wir brauchten, sogar mehr als das. Nur: war die Arbeit auch sinnvoll, oder abwechslungsreich? Nein! Die Produkte meiner Firma würde ich eher als schädlich bezeichnen, wenn ich an ihre Herstellung oder Nutzung denke. Und meine beruflichen Anforderungen waren stets gleich oder ähnlich. Ich war einerseits unterfordert und andererseits ständig im Stress. Das ist mir aber jetzt erst deutlich geworden. Ich sehne mich nun danach, mich zu entfalten, Sachen selber zu machen anstatt alles einzukaufen, *mein eigenes Ding* zu finden und mit Gleichgesinnten durchzuziehen. Seit dem Verfassungsentscheid vor sieben Jahren werden überall die Karten völlig neu gemischt. Man kann von einem totalen gesellschaftlichen Neuanfang sprechen. Das Rechtssystem ist viel tauglicher und gerechter geworden. Freiheit und Verantwortung des Einzelnen und der Bürgergemeinschaften spielen eine viel stärkere Rolle. Gleichzeitig wird Gemeinwohl-schädliches Wirtschaften sehr erschwert, wobei nicht nur die lokale oder nationale, sondern auch die globale Ebene berücksichtigt wird. Kann gut sein, dass es auch meiner Firma noch an den Kragen geht. Ich werde später genauer auf das neue Rechtssystem[2] eingehen. Für euer Verständnis ist es im Moment ausreichend, dass mir - wie auch sehr vielen anderen - eine einjährige Auszeit ermöglicht wird, in der ich mich für die Gesellschaft engagieren kann. Meinen ersten *periodischen Allmende-Dienst* absolviere ich hauptsächlich bei mir im Dorf – genau genommen neun von zwölf Monaten – und die verbleibenden drei Monate unterwegs in Deutschland. Unser regionales *Allmende-Netzwerk* hat mich nämlich beauftragt, gute Praxisbeispiele aus den inzwischen etwa 72000 deutschen *Allmende-Gemeinschaften* und 15000 Allmende-Netzwerken zu erkunden und vorzustellen.

Aus demselben Grund hat mich das Netzwerk auch hier nach Basel zum *Internationalen Commoning-Forum* entsandt. Ich empfinde das alles als ein großes Privileg und bin mit Wissbegier bei der Sache. Einige Beispiele, die mir gut gefallen, werde ich hier vorab exemplarisch skizzieren. Zunächst will ich euch aber mit einigen Worten darstellen, was sich in den letzten sieben Jahren bei uns im Dorf getan hat.

2. Aus dem Leben unserer Dorf-Allmende

Günsdorf, unser Dorf, gehört zur Gemeinde Mühling in Westfalen. Das Dorf ist nach dem Verfassungsentscheid vor sieben Jahren neu geworden. Wo soll ich anfangen zu berichten? Vielleicht am besten mit dem Zustand unseres Dorfes vor dem gesellschaftlichen Neustart.

Günsdorf war ein Dorf mit knapp 700 Einwohnern, in der Mitte die Kirche, eine Grundschule, ein Kindergarten, ein paar landwirtschaftliche Betriebe, eine Gaststätte mit Biergarten, ein paar Gewerbetreibende oder Freiberufler, eine Freiwillige Feuerwehr, ein Schützen- und ein Sportverein sowie vier Briefkästen. Das war's. Immerhin. Wir haben immer gesagt: In Günsdorf kennt jeder jeden. Mittlerweile hat sich herausgestellt, dass das überhaupt nicht stimmte. Über die Hälfte der Einwohner waren Zugezogene, die zum größten Teil untereinander wenig Kontakt hatten und auch nicht mehr zu den Einheimischen. Die Einheimischen kannten sich zwar alle schon seit Jahrzehnten, oft aber auch nur sehr oberflächlich. Eine organisierte Dorfgemeinschaft gab es nicht. Wie ich schon andeutete, hat sich die Situation dramatisch verändert und zwar zum Positiven.

Wie konnte es geschehen, dass wir einen so großen Sprung nach vorne gemacht haben, dass sich unser Dorfleben so sehr verbreitert und vertieft hat? Welche Entscheidungen und Rahmenbedingungen haben sich als besonders wertvoll erwiesen? Bei der Frage nach dem Was fallen mir drei Dinge ein, die mir besonders wichtig erscheinen. Zuvor möchte ich aber auf das Wer eingehen. Hätten wir nicht eine Gruppe von Mutigen im Dorf gehabt, die verstanden haben, was die neuen Verfassungsbestimmungen und später auch die neuen Bundesgesetze und Gerichtsurteile bedeuten, die verstanden haben, welche Chancen, aber auch welches Konfliktpotential damit verbunden sein würden und die dann aus der Deckung in die Dorföffentlichkeit getreten sind, um eine Auseinandersetzung anzustoßen und Leute zum Überlegen und zum Handeln zu bewegen – wer weiß, ob dann nicht alles im Sande verlaufen wäre, beziehungsweise ob dann nicht etliche Angelegenheiten vor Gericht gelandet wären und sich das Dorf heillos zerstritten hätte. Deshalb gebührt diesen Männern und Frauen unser Dank.

Wir haben nach monatelangen Diskussionen schließlich eine Allmende-Gemeinschaft gegründet und uns eine *Allmende-Ordnung* gegeben, die sich in vieler Hinsicht bisher bewährt hat.

Auf dem Wort *eine* liegt eine gewisse Betonung. Denn es wäre auch möglich gewesen, dass wir mehrere Allmende-Gemeinschaften gegründet hätten, die sich jeweils um ein bestimmtes *Allmendegut*[3] gedreht hätten, z.B. um Grundwasser oder Rohstoffe oder Grund und Boden. Wir haben also alle natürlichen Gemeingüter in einer Allmende integriert und behandeln sie alle nach je eigenen selbstgegebenen Regeln in *einer* Allmende-Gemeinschaft. Uns erschien das zweckmäßig, weil wir so die Dienste aus der *Gaben-Allmende*[4] und der *Wohlstands-Allmende*[5] am einfachsten koordinieren konnten.

Geórgios: „Ich konnte mich nur oberflächlich auf deinen Vortrag vorbereiten. Kannst du noch einmal erklären, was es mit der *Wohlstands-Allmende* und deinem *periodischen Allmende-Dienst* auf sich hat?"

Wir gehen davon aus, dass unser Wohlstand nur zu einem geringen Teil auf unserer eigenen Leistung beruht – sowohl individuell, als auch gesellschaftlich. Wir stehen auf den Schultern unserer Vorfahren. Wir betrachten das Erbe der Menschheit als *Gemeingut* und finden, dass jeder Mensch Anteil daran haben sollte, sofern er bereit ist uneigennützig daran mitzubauen. Der Begriff *Gemeingut* ist bei uns mit dem schönen, alten Wort *Allmende* verbunden. Innerhalb der *Wohlstands-Allmende* muss zunächst jede und jeder nach der Schulzeit einen einjährigen *Grund-Allmendedienst*[6] ableisten und zwar in der Regel in seiner örtlichen Basisgemeinschaft, sprich Allmende-Gemeinschaft, sofern es eine gibt. Auch wenn du dich als Grieche in Deutschland niederlassen willst oder nach Deutschland flüchtest, musst du zunächst deinen *Grund-Allmendedienst* ableisten. Wer darüber hinaus gewillt ist, an der *Wohlstands-Allmende* teilzunehmen, um auch an den Vorteilen des menschlichen Welterbes teilzuhaben, muss auch im weiteren Verlauf seines Lebens weitere *periodische Allmende-Dienste* ableisten, und zwar zwischen dem 35. und 45. Lebensjahr sowie zwischen dem 45. und 55. Lebensjahr jeweils ein Jahr und zwischen dem 55. und 65. Lebensjahr nochmal ein halbes Jahr.[7] Das ist ein sehr wichtiger Aspekt unseres neuen Gesellschaftsvertrages. Ich leiste mit achtunddreißig gerade meinen ersten *periodischen Allmendedienst*. Den *Grund-Allmendedienst* musste ich nicht mehr nachholen. Die Einsatzbereiche können übrigens ganz unterschiedlich sein: Soziales, Gesundheit, Bauarbeiten, Grünpflege, Kulturelles - im Grunde alles, was dem Gemeinwohl dient. Die meisten Menschen haben sich inzwischen verpflichtet, an der *Wohlstands-Allmende* teilzunehmen. Sie beziehen nun für sich und ihre minderjährigen Kinder ein monatliches *Grundeinkommen* und haben Anspruch auf eine *gute soziale Sicherung*[8].

Carol: „Das deutsche Grundeinkommen ist ja mit 175 *Jubel*[9] im Monat sehr niedrig im Verhältnis zu euren Lebenshaltungskosten. Bei uns wird immer ein Grundeinkommen gefordert, von dem man leben kann. Wie beurteilst du das?"

Ein auskömmliches Grundeinkommen wäre mit der Würde des Menschen nicht vereinbar.[10] Ein wichtiger Aspekt menschlicher Würde ist die Verantwortung für sich, für seine Angehörigen, auch für seine Umwelt und künftige Generationen. Da kann es keine auskömmliche Alimentierung geben. Grundeinkommen ist ja keine Sozialleistung. Wer Hilfe braucht, bekommt sie auch, vor allem wenn er sich an der *Wohlstands-Allmende* aktiv beteiligt. Die Erfahrung zeigt, dass 175 *Jubel* eine gute Größe sind. Der Betrag reicht einerseits aus, um sich vom Arbeitsmarkt zu emanzipieren und andererseits, um sich mit einer überschaubaren selbständigen oder abhängigen Erwerbsarbeit, oft ergänzt durch eine gewisse Selbstversorgung, vom Arbeitsamt unabhängig zu machen.[11] Mittlerweile ist die Arbeitslosigkeit in Deutschland sehr niedrig.

Ich möchte auf unser Dorf zurückkommen. Ich sprach davon, dass wir alle Gemeingüter in *einer* Allmende behandeln. Es kann aber durchaus sein, dass wir in Zukunft ein oder mehrere Gemeingüter ausgliedern und für sie neue Allmenden ins Leben rufen werden, um hier gezielter und effektiver arbeiten zu können.

Wir treffen möglichst alle Entscheidungen im Konsens oder *modifizierten Konsens*, so dass die unterlegene Minderheit nach Abstimmungen einen erneuten Kompromissfindungsprozess verlangen kann. Uns ist bewusst, dass es für den Dorffrieden unerlässlich ist, dass möglichst alle Entscheidungen von allen mitgetragen werden können.Dieses Bewusstsein war allerdings keineswegs von Anfang an vorhanden. Manchen ging alles zu langsam, besonders wenn ein Entscheidungsprozess ins Stocken geriet und keine Lösung in Sicht war. Da gab es auch schonmal dicke Luft. Es gab dann aber immer wieder ein kleines Einlenken und schließlich einen Kompromiss, der uns alle weiterbrachte. Nicht dass dann alle glücklich gewesen wären, aber ein Modus Vivendi war gefunden, der später noch einmal aufgegriffen werden könnte.

Ich hatte angekündigt, dass ich drei Dinge herausstellen wollte, die meines Erachtens zu der großartigen Belebung und Bereicherung unseres Dorfes beigetragen haben: Zuerst möchte ich den Umstand nennen, dass es kein Eigentum an Grund und Boden[12] mehr gibt und dass uns – ganz im Sinne des Subsidiaritätsprinzips - auf der untersten Ebene, also auf der Ebene von Günsdorf, die Entscheidungen und Regelungen bezüglich dieses Gemeingutes anvertraut wurden.[13] Wir sollten eine Art Flurbereinigung vornehmen. Es braucht nicht besonders betont zu werden, dass das eine sehr heikle Angelegenheit war. Besonders die Bauernhöfe und das dazugehörige Land waren seit Jahrhunderten in Familienbesitz. Was würde damit passieren? Im Grunde genommen waren aber alle von der Frage der Bodenaufteilung und -nutzung betroffen, und entsprechend lebhaft waren die Auseinandersetzungen. Die Schützenhalle war regelmäßig voll, wenn das Thema weiterberaten werden sollte. Als Erstes konnten wir uns darauf verständigen, dass jedem erwachsenen Dorfbewohner 350 m² Fläche zur Selbstversorgung und zum Wohnen zugestanden werden sollten; das entsprach etwa 18 ha Fläche im Dorf und am Rande des Dorfes. Sehr viele Dorfbewohner haben sich mit anderen zusammengeschlossen, um sich gemeinschaftlich mit Obst, Gemüse, Kräutern, Nüssen, Eiern und Fleisch selbst zu versorgen. Ein Teil der Dorfwiesen und -weiden, fünf Hektar, wurden zu Allmendeland gemacht, auf das alle Allmende-Mitglieder zum Zwecke der Selbstversorgung ihre Tiere treiben dürfen, sofern sie sich ausreichend an der Pflege der Einfriedungen beteiligen und auch noch ein paar weitere Regeln beachten. Von den sonstigen landwirtschaftlichen Flächen wurden jedem der fünf landwirtschaftlichen Betriebe zunächst 50 ha Land zugebilligt, wobei die alte Aufteilung weitgehend eingehalten werden konnte. Allerdings braucht jetzt niemand mehr eine Pacht zu zahlen. 100 ha haben wir noch in Reserve, die wir den fünf Betrieben vorübergehend auch noch zur Verfügung gestellt haben. Durch den Zuzug ins Dorf werden aber immer wieder Selbstversorgungsflächen benötigt, die wir dann abzweigen können.

Es gab nicht nur Gewinner. Aber an der Rechtslage, die die meisten von uns durchaus für gerecht halten, konnte sowieso keiner vorbei. Trotzdem gab es in diesen Fragen heftigen Streit und auch Verbitterung. Es sind längst noch nicht alle Wunden geheilt.

Zunächst aber zu unserem zweiten Gewinnerpunkt: Es handelt sich um eine Entscheidung zur inneren Ordnung unserer Allmende-Gemeinschaft. Konkret ging es um die Frage, wer Mitglied werden kann. Erwachsene Dorfbewohnerinnen und -Bewohner können auf jeden Fall Mitglied werden, müssen aber nicht. Der springende Punkt sind nun die Jugendlichen. Sie können ab 14 Jahren Mitglied werden, wenn sie ihr Können in 35 von 50 bestimmten Kulturtechniken nachgewiesen haben. Als Mitglied haben sie dann Rede- und Vorschlagsrecht im *Allmenderat*. Ich habe euch ein paar Stempelbücher mitgebracht, in denen die 50 Kulturtechniken übersichtlich aufgeführt sind.[14]

Die Vermittlung der besagten Kulturtechniken obliegt zuerst den Eltern und Familien, dann der Allmende-Gemeinschaft und erst dann der Schule, die ohnehin nur noch eine ergänzende Funktion hat. Wir haben die Kommunalgemeinde beauftragt, in den ersten vier Schuljahren unseren Kindern zehn Unterrichtsstunden pro Woche, die beiden Jahre danach zwanzig Stunden pro Woche zu erteilen. Erst danach erfolgt der Schulunterricht in alt-bekannter Intensität und im alt-bekannten Umfang. Wir haben die kommunale Schule allerdings beauftragt, möglichst alltagsnah oder projektorientiert zu arbeiten.

Was hat es nun mit diesen Stempelbüchern auf sich? Jedes Kind bekommt zusätzlich zu seinen religiösen Paten mit sechs Jahren noch drei weitere Paten aus dem Dorf, die es bis zur Volljährigkeit hinsichtlich des Lernens von Kulturtechniken unterstützen. Besagte drei Paten besuchen also das sechsjährige Kind und versprechen ihm Beistand und Unterstützung. Sie schenken ihm ein solches Stempelbuch mit den fünfzig Feldern, in dem das Kind beziehungsweise später der Jugendliche sein nachgewiesenes Können in Kulturtechniken abstempeln lassen kann. Eltern, Familien und Paten können schon eine Menge an Kulturtechniken selbst vermitteln, Vieles aber auch nicht. Hier helfen die Paten bei der Suche nach geeigneten Könnern. Unsere zwanzig Vertrauenspersonen der *Gaben-Allmende* sowie unsere zwölf Vertrauensleute der *Wohlstands-Allmende* haben zunächst ein Jahr lang Klinken geputzt, um herauszubekommen, wer welche Kompetenzen einbringen kann und will. Sie stießen dabei auf jede Menge falsche Bescheidenheit, waren aber im Endeffekt sehr erfolgreich. Es sind bereits über 350 Personen aus dem Dorf als Pate oder als Könner im Einsatz mit den Kindern und Jugendlichen. Hinzu kommen etwa 20 Personen aus dem

Umland. Alle sind mit Freude bei der Sache, weil die Kinder und Jugendlichen hochmotiviert sind. Alle Heranwachsenden haben ihre eigene Zeit und ihren eigenen Rhythmus, was allgemein akzeptiert wird. Wenn ihr Interesse an einem Thema geweckt ist, wenden sie sich an einen Paten und los geht's. Die Experten haben zwar kein Curriculum, die Vermittlung von Wissen und Erfahrung ist aber keineswegs oberflächlich. Im Gegenteil. Die Kinder, Jugendlichen und Erwachsenen steigern sich manchmal förmlich in ein Thema hinein. Gerade die vielen praktischen Aufgaben kommen sehr gut an, zumal sich diese oft aus dem alltäglichen Geschehen ergeben. Wir bieten auch Exkursionen, Kurse, Workshops an. In der Regel beteiligen sich mehrere Teilnehmer an einem Kurs. Es gibt aber immer wieder auch Kurse mit nur einem Teilnehmer, zum Beispiel beim Erlernen eines Musikinstrumentes. Wenn der Heranwachsende oder die Paten den Eindruck haben, dass für eine Kulturtechnik ausreichend Wissen und praktische Erfahrung gesammelt wurden, meldet sich der Schützling zu einer Prüfung an, wo er sein Können unter Beweis stellt. Es gibt auch bestimmte Kulturtechniken aus dem Bereich des Sozialverhaltens, wo man sich nicht zu einer Prüfung anmelden kann. Wenn im Dorf der Eindruck entstanden ist, dass ein Kind oder ein Jugendlicher zu seinen Fehlern steht und sich bei anderen gegebenenfalls entschuldigt, macht jemand vom Allmende-Vorstand höchstpersönlich den Stempel ins Stempelbuch. Man merkt es manchen Kindern richtig an, wie gut es ihnen tut, dass sie ganz persönlich gemeint sind und geschätzt werden. Das ist für diese Kinder vielleicht sogar das Wichtigste. Das Stempelbuch ist für die Kinder ein gewisser Ansporn.

Kristyna: „Bei Kindern mag das ja gut funktionieren. Ich kann mir aber schwer vorstellen, dass sich Jugendliche darauf einlassen."

Das stimmt. Ab einem gewissen Alter finden Jugendliche das

Stempelbuch uncool. Sie haben dann allerdings schon verinnerlicht, dass es auf ihre persönliche Motivation ankommt. Was die Kulturtechniken betrifft, haben mittlerweile schon etliche Jugendliche ihr Stempelbuch voll genug und nehmen nun regelmäßig als Mitglied am *Allmenderat* teil. Dort bringen sie ihre Perspektiven ein. Ihr Wort wird ernst genommen und führt in Diskussionen oft weiter.

Dikembe: „Abgesehen vom Stempelbuch kommt mir das Ganze recht vertraut vor. Bei uns in Afrika ist es ganz normal, dass ein ganzes Dorf die Heranwachsenden erzieht und bildet. Es gibt eher einen Mangel an Schulunterricht."

Sarah: „Euer *Günsdorfer Modell* ist wie ein natürlich mäandrierender Bach mit vielfältigem Leben im Wasser und am Ufer. Dagegen ist unser staatliches Bildungssystem eher wie ein begradigter Bach in einem Betonbett."

Ich weiß nicht, ob ich von einem Modell sprechen würde. Aber unser Weg ist auf jeden Fall noch eine große Ausnahme. Früher sind bei uns wichtige Kulturtechniken den Bach runter gegangen. Viele Kinder und Jugendliche haben sich verloren, unter- oder überfordert gefühlt.

Ich glaube, es ist euch deutlich geworden, dass allein diese interne Weichenstellung rund um die Bildung unserer Jugend und ihre Aufnahme in die Allmende schon enorm zur Belebung des Dorfes, zum gegenseitigen Kennen- und Schätzenlernen und zur menschlichen Weiterentwicklung beigetragen hat. Nebenbei sind unsere Jugendlichen nun viel besser gebildet und deutlich selbstbewusster als früher.

Der dritte, besonders wichtige Punkt für die Belebung unseres Dorfes ist politischer Natur. – Ich hoffe, dass ihr die Broschüre mit den wichtigen neuen, rechtlichen Bestimmungen gelesen habt.[15] Es war in Art. 18 d der neuen Verfassung verankert worden, dass die Höhe der Rente nicht mehr nach dem vorherigen Einkommen und den vorherigen Einzahlungen berechnet wird, sondern nach der Dauer der Zeiten ohne Bezug von *Erwerbslosengeld*.[16] Dieser eher unauffällige Punkt hat es in sich. Es stellte sich nämlich heraus, dass viele Menschen mit ihrer Erwerbsarbeit unzufrieden waren, ohne dass sie sich das selbst oder anderen eingestanden hätten. Die materielle Absicherung im Alter war für viele, nicht nur für Frauen, Hauptmotivation zur Erwerbsarbeit. Nun, da die Einkommenshöhe bedeutungslos für die Rentenberechnung geworden war, gingen vielen die Augen auf. Es reichte nun plötzlich aus, schlicht über die Runden zu kommen, ohne Leistungen wegen Erwerbslosigkeit in Anspruch zu nehmen. Es gab die vollen Rentenpunkte. Schon ein geringes Familien-Erwerbseinkommen, ein *Erziehungs- oder Pflegegehalt*[17] plus Selbstversorgung plus Grundeinkommen reicht nun für die allermeisten locker aus. Viele machen nun *ihr Ding* und kommen ebenfalls über die Runden. Kaum noch jemand muss sonstige staatliche Leistungen in Anspruch nehmen. In ganz Deutschland sanken die Erwerbsarbeitszeiten pro Woche drastisch. Bei uns in Günsdorf gibt es kaum noch jemanden, der mehr als zwanzig Stunden pro Woche erwerbsarbeitet. Was für eine Befreiung! Zeit für sich haben, für die Familie, für die Nachbarn, für die Allmende, für die Gesellschaft allgemein. Die neue Vielfalt und Tiefe menschlicher Beziehungen werden als großer Reichtum empfunden. Dahingegen erkennen viele jetzt, wie unsinnig und oft sogar destruktiv der ganze Konsum- und Statusfirlefanz vorher gewesen ist.

Ich möchte euch nun noch weiter von unserer Dorf-Allmende in Günsdorf erzählen, was uns in den letzten Jahren bewegt hat und was wir bewegt haben. Wie ich schon sagte, haben wir uns eine Allmende-Ordnung[18] gegeben. In der Präambel heißt es unter anderem:

„.... In Dankbarkeit und Verantwortung gegenüber Gottes Schöpfung wollen wir gut, maßvoll und rücksichtsvoll leben, damit auch alle anderen Menschen gut leben können und unsere Mit-Geschöpfe nicht zu leiden brauchen. Innerhalb unserer Dorf- und Allmende-Gemeinschaft und auch nach außen hin wollen wir vertrauensvoll und fair miteinander umgehen. Wir sind grundsätzlich bereit, uns mit unseren Gaben einzubringen. Jeglicher Dienst und jeglicher Austausch erfolgt in der Allmende ohne Geld und ohne Belohnung. Wir haben Freude am Schenken, weil wir uns über die Freude des Anderen freuen. .... Wir betreten in vielen Bereichen Neuland und haben noch viel zu lernen. Wir sind aber guten Mutes und vertrauen auf Gottes Hilfe. .... Unsere Entscheidungen wollen wir möglichst im Konsens treffen. Jedenfalls wollen wir versuchen, dass alle Betroffenen mit unseren Entscheidungen leben können. ...."

In der Präambel kommt schon viel von unserer Einstellung zum Ausdruck. Vertrauen spielt eine große Rolle. So haben wir auch neben dem siebenköpfigen Vorstand, der als Steuerungsgruppe fungiert und für die Außenkontakte zuständig ist, viele Vertrauensleute gewählt. Ich sprach schon von den *Vertrauensleuten Grund und Boden*. Für jedes natürliche Gemeingut haben wir extra Vertrauensleute. Außerdem haben wir, wie schon erwähnt, zwanzig Vertrauensleute für die *Gaben-Allmende* und zwölf Vertrauensleute für die *Wohlstands-Allmende*. Letztere organisieren und koordinieren den *Grund-Allmende-Dienst*, zu dem – wie schon gesagt - alle Schulabgänger und ausländischen, erwachsenen Migranten verpflichtet sind, sowie die sonstigen *periodischen Allmende-Dienste* für alle, die das Grundeinkommen beziehen oder an einer *guten sozialen Sicherung* teilhaben wollen. Sie haben auch die Aufgabe zu kontrollieren und deshalb alle Hände voll zu tun. Das klappte bisher, weil noch nicht sehr viele ihren *periodischen Allmende-Dienst* angefangen haben. Gegebenenfalls müssen wir noch Vertrauensleute nachwählen. Die Allmende hat auch noch fünf Konfliktvermittler sowie das *Allmende-Gericht*, das angerufen werden kann, wenn sich Allmende-Mitglieder oder Nutzer von Gemeingütern nicht an die Regeln halten und nicht ihren Verpflichtungen nachkommen. Das gilt besonders auch für die Dienste innerhalb der *Wohlstands-Allmende*.

Oberstes Organ ist der schon erwähnte Allmenderat. Hier haben wir die Regel, dass bei einer Angelegenheit, einem Konflikt oder Problem immer erst die Jüngsten, also die Jugendlichen nach ihrer Meinung gefragt werden, danach die jungen Erwachsenen und so weiter und schließlich die Ältesten beziehungsweise diejenigen, die am längsten im Dorf leben.[19] Auf diese Weise kommen unterschiedliche Perspektiven und Erfahrungen in die Debatten, was sich sehr bewährt hat.

Zurück zur *Gaben-Allmende*. Unsere Vertrauensleute haben auch sondiert, wo bei Leuten der Schuh drückt und worin der Allmende-Dienst des Einzelnen bestehen könnte. Bei aller Diskretion: Es drückten viele Schuhe. Es konnte aber auch große Motivation zu helfen aufgespürt werden. So konnte eine Vielzahl nachbarlicher Hilfen vermittelt werden. Manche Arbeiten waren punktueller Natur, zum Beispiel kleinere Reparaturen. Größere Projekte mit hohem personellen Einsatz waren Hausrenovierungen. Viele Dienste sind aber eher regelmäßiger oder sich wiederholender Natur: Besuche bei Alten und Kranken, Einkaufshilfen und die besagte Vermittlung von Kulturtechniken.

Ein Beispiel finde ich besonders erwähnenswert: ein vermiedener Schwangerschaftsabbruch. Eine junge Frau vertraute einer Vertrauensfrau ihren Konflikt an. Weitere Vertrauensleute wurden hinzugezogen. Alle versicherten der jungen Frau, dass sie mit ihrem Kind geschätzt und anerkannt sein würde, und sagten massive praktische Unterstützung zu. Informationen über das neue, auskömmliche *Erziehungsgehalt* taten ihr Übriges. Das Kind ist jetzt fast zwei Jahre alt. Die Frau setzt ihre

Ausbildung fort, wenn auch langsamer. Etwa fünfzehn Dörfler leisten diskrete Unterstützung bei der Haushaltsführung, der Kinderbetreuung und bei Papierkram und leisten moralische Unterstützung. Ich finde: So sollte es immer laufen.

Ich muss euch von der neuen Eigentumsordnung und ihren Folgen erzählen. Denn die Veränderungen waren vielfältig. Zunächst war die Verwirrung groß. Jeder fragte sich: Was ist eigentlich noch mein Eigentum? Wozu habe ich eine höchstpersönliche Beziehung[20]? Das führte meist zu betretenem Schweigen. Wie viele Gegenstände waren schon in Vergessenheit geraten, waren seit Jahren oder Jahrzehnten nicht mehr benutzt worden und lagen verborgen in irgendwelchen Ecken! Vielleicht hätte jemand anderes sie gut gebrauchen können. Das Dorf hat daraufhin beratschlagt und beschlossen, eine Art dörflichen Gerätepark anzulegen. Räumlichkeiten waren genug vorhanden beziehungsweise konnten hergerichtet werden. Wir haben nun ein *Haus der Allmende* mit vielseitigem Gerät und Werkzeugen und Arbeitsflächen, die von allen Allmende-Mitgliedern genutzt werden können. Wöchentlich kommen neue Werkzeuge und Geräte dazu. Sie können auch ausgeliehen werden. Im *Haus der Allmende* haben wir auch einen Kunstverleih für Kunst- und Dekorationsgegenstände sowie eine *Bürgerbücherei* mit fast zehntausend Büchern im Bestand, die in einer Datenbank erfasst sind und die geliehen werden können. Die meisten davon sind aber nicht im *Haus der Allmende* gelandet, sondern bei den Besitzern zu Hause geblieben. Wir verzeichnen eine große Häufigkeit von Ausleihen. Bei den entsprechenden Hausbesuchen bei Buchbesitzern kommt es immer wieder zu sehr interessanten Begegnungen und Gesprächen. Auch das *Haus der Allmende* hat sich zu einem beliebten Treffpunkt entwickelt.

Die neue Eigentumsordnung machte es auch möglich, Flächen zweckmäßig aufzuteilen und zu nutzen. Ich fange mal mit dem Dorf-Innenbereich an. In großem Umfang konnten wir neue

Wohnflächen akquirieren. Neu heißt nicht, dass es diese Flächen vorher nicht gegeben hätte. Sie lagen aber brach, weil die Alteigentümer, meistens alte Menschen oder Auswärtige sie nicht mehr nutzten. Es gab inzwischen viele Häuser, die nur von einer Person bewohnt wurden. Es erforderte zwar Taktgefühl, dies als Missstand zu vermitteln und auf die Verpflichtungen hinzuweisen, die mit Eigentum und Besitz verbunden sind. Auch war es nicht leicht, manchem auswärtigen Besitzer deutlich zu machen, dass er keine Eigentumsrechte mehr habe. Wir konnten aber, teils mit gerichtlicher Hilfe, erreichen, dass 70 neue Dorfbewohner für wenig Geld Wohneigentum erstehen konnten. Für wenig Geld, weil ja der Grund und Boden nun grundsätzlich kostenlos überlassen wird. Auch können wir jetzt sieben Gästezimmer im Dorf vorhalten.

Nun auch ein paar Beispiele aus dem Dorfaußenbereich: Wir haben damit begonnen, ein Konzept grüner Fußwege umzusetzen. Es geht uns darum, dass es zu jedem Nachbardorf eine grüne und sichere Wegverbindung gibt, so dass auch unsere Kinder sicher zu Fuß oder mit dem Fahrrad dorthin gelangen können. Außerdem wollen wir Dorf-nah einen Weg rund ums Dorf haben. In Zusammenarbeit mit den Nachbar-Allmenden haben wir bereits einige Wirtschaftswege so zusammengeführt, dass Wege zu Nachbardörfern entstanden sind. Auch haben wir Teile von Wirtschaftswegen schon zurückgebaut, so dass sie zu grünen Wegen wurden. Wir haben außerdem zahlreiche Feldhecken und Baumreihen gepflanzt, was nicht nur unsere Landschaft verschönert, sondern auch dem Biotopverbund und dem Erosionsschutz dient.

Der hiesige Staatsforst wurde in die Dorfallmende eingegliedert. Ein vom Allmende-Netzwerk angestellter Förster betreut auch unseren Allmendewald. Unter Einsatz von Rückepferden und auf nachhaltige Weise nutzen wir nun Holz und andere Erträge des Waldes. Wir denken auch daran, dass Selbstversorger ihre Schweine zur Mast in den Wald treiben können.

Unsere *Vertrauensleute Atmosphäre*, die sich auch um Belange des Klimaschutzes kümmern, haben uns überzeugt, dass wir vollständig auf regenerative Energien umsteigen sollten. Wir wollten zuerst beschließen, im Fichtenforst eine Fläche für eine große Windkraftanlage vorzusehen, die bald einen großen Beitrag zu unserer Selbstversorgung mit Strom leisten sollte. Wir meinten, vielleicht würden wir dann so unabhängig von Fremdversorgung, dass wir sogar die Hochspannungsleitungen und ihre großen Masten abbauen lassen könnten. Hinsichtlich der Finanzierung waren wir zuversichtlich, weil wir mit frischem Geld des neuen, nationalen *Gesellschaftsrates*[21] rechneten. An dieser Stelle muss ich erwähnen, dass unser neues Geldsystem[22] eng an das gesellschaftliche Vermögen gekoppelt ist und neues Geld für Gemeinwohl-verträgliche und zukunftsträchtige Investitionen herausgegeben wird. Der Beschlussvorschlag zur Großwindkraftanlage war allerdings nicht konsensfähig. Es gab sogar heftigen Widerstand gegen die angedachte Anlage. Der wichtigste Aspekt war das Landschaftsbild. Auch wurde vorgebracht, anstatt aus dem Vollen schöpfen zu wollen, besser den Stromverbrauch zu reduzieren und im Übrigen auf kleinere Technik zu setzen. Wir haben uns darauf eingelassen und sind auch schon gut vorangekommen. Wir haben Erdkeller in einem Hang angelegt, die Kühlgeräte ersetzen, und schon auf manche elektrische Bequemlichkeit verzichtet. Wir haben Biogasanlagen für landwirtschaftliche Abfälle, ein paar ganz kleine Windkraftanlagen, mehr Brennstoffzellen, Sonnenkollektoren und Photovoltaikanlagen als früher, außerdem Druckluftspeicher. Unser alter Gustav fährt mit unserer neuen Pferdekutsche meine Frau und einige andere Pendler morgens zur Bushaltestelle an der Hauptstraße und holt sie später wieder ab. Dadurch konnten schon einige Autos abgeschafft werden. Wir wissen, dass unser Energieverbrauch immer noch viel zu hoch ist. Auch sind wir noch stark von Fremdversorgung durch Strom, Benzin oder Heizöl abhängig.

Außer dem Grund und Boden und der Atmosphäre sind auch noch die anderen natürlichen Gemeingüter von unseren neuen Zuständigkeiten betroffen. Hinsichtlich des Grundwassers zum Beispiel diskutieren wir zurzeit, ob wir ein Gülle-Moratorium verhängen sollen, denn die Nitratbelastung des Wassers ist enorm.

Bevor ich nochmal auf die *Wohlstands-Allmende* und auf wichtige Angelegenheiten eingehe, die uns auf regionaler beziehungsweise überregionaler Ebene angehen, möchte ich auf eine gute Zusammenarbeit zu sprechen kommen, die uns schöne und bereichernde Impulse brachte:

In der großen Stadt in unserer Nachbarschaft gibt es den Stadtteil Stadthausen und hier wiederum mehrere Wohnblöcke, deren neue Allmende-Gemeinschaften auf uns zugekommen sind. Es ging um eine zuverlässige Versorgung mit landwirtschaftlichen Produkten. Wir brauchten eigentlich nur Kontakte zu unseren Landwirten zu vermitteln. Die Stadthausener Wohnblöcke sind mit dreien unserer Landwirte ins Geschäft gekommen - aber nicht im marktwirtschaftlichen Sinn, sondern im Sinne solidarischer Landwirtschaft. Die Stadthausener haben die Landwirte im Rahmen einer Erzeuger-/ Verbrauchergemeinschaft angestellt und bezahlen ihnen ein monatliches Gehalt. Die Landwirte haben nun keine finanziellen Sorgen mehr. Sie bauen das an, was die Städter wollen: Getreide, Gemüse, Kräuter, auch Obst. Außerdem liefern sie Fleisch, Milch und Eier, natürlich alles bio. Jede Woche holen sich die Städter die aktuellen Erzeugnisse ab und lagern sie in ihrem Depot zwischen. Alle beteiligten Wohnblöckler kommen nun dorthin und wiegen beziehungsweise zählen sich ihren Anteil ab. Das funktioniert gut. Es gibt auch einige Städter, die sich dadurch einen Vorteil verschaffen, indem sie regelmäßig auf den Bauernhöfen mithelfen. Dadurch lernen sie nebenbei viel über Landwirtschaft und die Mühe, die damit verbunden ist. Einige der Städter sind in ihrem Viertel in die

Herstellung von individuellen Fahrrädern eingestiegen und haben damit großen Erfolg. Von unseren Bauern beziehen sie nun exklusiv speziellen Bambus für den Bau von Fahrradrahmen[23] und setzen damit ein Zeichen gegen Aluminium- und Energieverschwendung. Andere Städter haben sich von bolivianischen Nachbarn inspirieren lassen und wollen nun eine Webwerkstatt einrichten und eigene Kleidung herstellen. Die Schafwolle beziehen sie bereits von unseren Schafhaltern; sie besuchen Kurse in Vorpommern, sie spinnen und färben schon auf Vorrat. Ich halte es für möglich, dass einige Fahrradbauer oder Textilhersteller mithilfe des Grundeinkommens[24] über die Runden kommen werden. Der *Gesellschaftrat* hat auch schon signalisiert, dass er für die Anschaffung von Webstühlen neues Geld herausgeben wird. Aus diesen erwähnten Kontakten zwischen Günsdorf und Stadthausen hat sich bereits eine schöne Partnerschaft mit regem, auch kulturellem Austausch entwickelt.

Ich habe angekündigt, dass ich euch auch von unserer Einbindung in regionale oder überregionale Angelegenheiten berichten will. Ein kleines Beispiel war ja schon die Zusammenarbeit mit Nachbar-Allmenden bezüglich eines zweckmäßigen Wegekonzeptes. Ich kann aber auch von einem noch laufenden Großprojekt berichten. Unsere Beteiligung war für uns nicht selbstverständlich, zumal es sich bei dem Beispiel, das ich euch schildern will, um ein echtes Politikum handelt, bei dem trotz allem geänderten Verkehrsverhalten große Widerstände zu überwinden sind.

Jahrzehntelang mussten wir ohnmächtig mit ansehen, wie unsere heimatliche Landschaft Stück für Stück durch Straßenbau zerschnitten und zerstört wurde. Wir haben nun beschlossen, das nicht länger hinzunehmen und uns einem bereits bestehenden Allmende-Bündnis angeschlossen. Nach dem Motto „Klotzen statt kleckern!" knöpfen wir uns nun gemeinsam die A 1 vor, die jede Menge Verkehr, Lärm und Abgase nach sich zieht und natürlich eine riesige Fläche verbraucht. Wir wollen ja gar nicht, dass die Autobahn ganz abgeschafft wird. Aber sie muss wieder schmaler werden. Und der Güterverkehr muss auf die Schiene verlagert werden. Die Forderung unseres Bündnisses besteht nun darin, dass die A 1 auf einer Länge von 350 Kilometern teilweise zurück- bzw. umgebaut wird. Der mittlere Bereich, das heißt Teile der jeweils ganz linken Überholspuren soll in eine Bahntrasse für Güterverkehr umgebaut werden. Wir schlagen vor, dass Lkw nur noch an zwei Tagen pro Woche auf der Autobahn fahren dürfen. Wie gesagt: Der Widerstand ist erheblich. Unserem Bündnis wird massiver Missbrauch der Allmende-Befugnisse vorgeworfen. Die Gerichte befassen sich nun mit dem Fall. Ich glaube aber gar nicht, dass unsere Karten so schlecht stehen, zumal die neue Verfassung auf unserer Seite zu sein scheint.

Jetzt will ich auf unsere *Wohlstands-Allmende* und meinen Dienst zurückkommen. Einerseits besteht die große Herausforderung für die Koordinatoren darin, die Dienstleistenden wie mich etwa fünfundzwanzig Stunden in der Woche sinnvoll zu beschäftigen und anzuleiten. Im Falle der älteren Dienstleister ist das naturgemäß nicht so schwierig, weil sie ihr Dorf gut kennen und viele Erfahrungen und praktische Fertigkeiten mitbringen. Umgekehrt sind es gerade die Dienstleistenden, die dem Dorf Mut machen, größere Projekte anzugehen und umzusetzen. Ich sprach bereits von der Umlegung oder dem Rückbau von Wegen. Oder von der Einrichtung und dem Betrieb unserer *Bürgerbücherei* und der anderen Bereiche im *Haus der Allmende*, bei denen auch immer wieder dienstleistende Frauen und Männer der *Wohlstands-Allmende* beteiligt werden. Ich würde sogar sagen: Ohne sie ginge es nicht.

Dasselbe gilt für drei weitere Bauprojekte, die inzwischen schon zu kleinen Attraktionen geworden sind: An alte Traditionen in unserer Gegend anknüpfend, haben wir eine Getreide-Windmühle, eine Wasserkraft-Ölmühle und eine Dorfschmiede gebaut, die ebenfalls mit Wasserkraft betrieben wird. Unser Günsbach führt ganzjährig genug Wasser, jedenfalls normalerweise. Rund um Schmied und Müller haben sich Genossenschaften gebildet, die die beiden Handwerker solidarisch mit einem laufenden Gehalt finanzieren und dafür standardisierte und individuelle Leistungen in Anspruch nehmen. Deren Mitglieder kommen nicht nur aus Günsdorf, sondern aus dem ganzen Umland. Nicht-Mitglieder zahlen gegebenenfalls Marktpreise. Die beiden Männer haben jetzt, unterstützt vom Grundeinkommen, ihr Auskommen. Ich selbst war übrigens an allen genannten Bauprojekten beteiligt.

Regelmäßig bringen sich die Dienstleistenden der *Wohlstands-Allmende* bei der besagten Vermittlung von Kulturtechniken ein. Ich denke an Holzworkshops, an einen Trompeten- und einen Schlagzeugkurs, an botanische Exkursionen, Koch- und Backkurse, Fremdsprachen- und Plattdeutschunterricht und vieles mehr. Etwas Besonderes ist es sicherlich, dass sich etliche Dörfler inzwischen passabel in der Gebärdensprache verständigen können.

Unser Dorfleben und unser Allmendewesen erfordern häufig Beratungen und Versammlungen. Das waren wir nicht gewohnt. Auch hier sind die Dienstleistenden der *Wohlstands-Allmende* unerlässlich, was die Vorbereitung, Durchführung und Auswertung betrifft. Ohne sie wären der Vorstand und die Vertrauensleutegremien aufgeschmissen. Hier kann das Dorf aber noch viel von anderen lernen, wie ich inzwischen auf meiner Deutschlandtour erfahren habe.

Einen anderen Punkt finde ich noch erwähnenswert. Eine Beteiligung an der *Wohlstands-Allmende* bringt ja auch den Bezug des besagten Grundeinkommens mit sich. Nun gibt es aber viele in unserem Dorf, die ihr Grundeinkommen an die *Süd-Nord-Stiftung* spenden. Das Geld wird dafür verwandt, den Menschen in Kamerun, Togo und Namibia, also in ehemaligen deutschen Kolonien, ebenfalls ein Grundeinkommen zu ermöglichen. Pro Person werden dort neun Euro pro Monat ausgezahlt. Das ist zwar nicht viel, hilft aber. Es gibt auch dort in den drei afrikanischen Ländern viele, die zugunsten der Armen auf ihr Grundeinkommen verzichten. Das jährliche Spendenaufkommen beträgt in unserem Dorf umgerechnet eine knappe Millionen Euro. Das finanziert das Grundeinkommen von etwa neuntausend Afrikanern und ist somit ein ziemlich guter Beitrag, solange es keine gerechte internationale Ordnung gibt.

Frederik: „Ich fand es etwas unübersichtlich, wie du eure Allmende-Aktivitäten dargestellt hast. Kannst du das Gesagte noch einmal zusammenzufassen?"

Gerne. Zu den Aufgaben der Dorfallmende gehören zunächst die eigenwirtschaftlichen Bereiche, also Wiesen, Weiden und Wald sowie die Gästezimmer. Wer teilhaben will, muss sich an die Regeln halten und sich an den notwendigen Arbeiten beteiligen.

Als Nächstes ist der Schutz und die geregelte Nutzung der natürlichen Gemeingüter des Dorfes zu nennen. Dabei geht es um die Aufstellung von Regeln und Ordnungen rund um jedes natürliche Gemeingut, um seine zeitweilige Zuteilung und Überlassung unter Auflagen, um Kontrollen und eigene Gerichtsbarkeit.

Drittens geht es um die Gewinnung und Koordination gemeinwohlorientierter Tätigkeiten sowie von Nachbarschaftshilfen im Rahmen der *Gaben-Allmende*.

Viertens: Desgleichen in der *Wohlstands-Allmende*. Hier spielen aber wieder eine gewisse Kontrolle sowie gegebenenfalls unsere Gerichtsbarkeit eine Rolle.

Fünftens ist unsere Beteiligung am Allmende-Netzwerk innerhalb unserer Kommunalgemeinde zu nennen. Wir arbeiten aber auch mit Allmenden außerhalb der Gemeinde zusammen, wie das Beispiel von Stadthausen und das A 1-Projekt zeigen.

Sechstens ist die Unterstützung von genossenschaftlichen Prozessen zu nennen, die sich eigentlich außerhalb der Allmende abspielen. Ich nannte die Zusammenarbeit mit Stadthausen bei der Entwicklung der solidarischen Landwirtschaft sowie die bauliche Starthilfe für die solidarischen Mahl- und Schmiedegemeinschaften.

Wichtig sind nun noch zwei weitere Punkte, die auch den Zusammenhang mit der Kommune beziehungsweise staatlichen Einrichtungen verdeutlichen: Die Allmende-Gemeinschaft beauftragt siebtens die Kommunalverwaltung im Falle unserer eigenen Überforderung, eigenen Desinteresses oder eigener Befangenheit, sich um die Betreuung unserer natürlichen Gemeingüter oder um die Bildung der Heranwachsenden zu kümmern. Wir können aber Aufgaben auch wieder an uns ziehen. Das heißt: Wir beteiligen die Kommune und nicht wie früher, umgekehrt die Kommune uns.[25]

Aus denselben Gründen beauftragen wir achtens den Gemeinderat, Fragen zu behandeln und zu entscheiden. Ihr seht: auch hier die Umkehrung durch die neue Verfassung, die den Basisgemeinschaften sehr viele Kompetenzen zugestanden hat.[26]

All das ist mehr als beachtlich und sicher sehr eindrucksvoll. Es gibt aber auch Schwachpunkte, auf die ich im Zusammenhang mit meinem folgenden Reisebericht eingehen will.

Um aber nochmal kurz auf den Anfang zurückzukommen. Nicht das ganze Dorfleben spielt sich innerhalb der Allmende ab. Die Allmende-Gemeinschaft hat etwa 250 Mitglieder. Ganz unabhängig davon laufen weiterhin die Freiwillige Feuerwehr, der Schützen- und der Sportverein und vieles andere mehr. Und das ist auch gut so.

3. Praxisbeispiele aus Deutschland – ein Reisebericht

Nun möchte ich euch von meinen Reiseeindrücken erzählen. Was tut sich in den zahlreichen, neuen Allmende-Gemeinschaften und -Netzwerken in ganz Deutschland? Mir ist aufgefallen, dass die meisten Allmende-Gemeinschaften sehr viel kleiner sind als unsere. Das liegt aber nicht an mangelnder Beteiligung, sondern an dem bewussten Beschluss, nur so groß zu werden, dass jedes Mitglied noch jedes andere Mitglied kennt oder kennen kann. Es soll so vermieden werden, dass die Beziehungen einen rein funktionalen Charakter bekommen. Ganz persönliche Beziehungen von Mensch zu Mensch sollen zu einer besonderen Qualität in den Allmenden werden. Die Zwischenmenschlichkeit und die Überschaubarkeit führen auch dazu, dass die prozentuale Beteiligung an den Allmenden deutlich höher liegt als in unserem Dorf. Auch sind die Diskussions- und Entscheidungsprozesse einfacher. Ich finde diese überschaubaren Allmende-Gemeinschaften sehr gut und besonders in den Städten wichtig, weil hier doch sehr viele Menschen unter Anonymität und Einsamkeit leiden. Es kommt durchaus vor, dass es in einem Stadtteil mit fünftausend Einwohnern siebzig Allmende-Gemeinschaften gibt, die untereinander vernetzt sind und sich gegenseitig ergänzen. Ein weiterer Unterschied zu unserem Dorf besteht darin, dass sich viele Allmende-Gemeinschaften nur um jeweils ein natürliches Gemeingut kümmern. Andere betreiben nur eine *Gaben-* oder *Wohlstands-Allmende*. Hier wird noch einmal das Freiwilligkeitsprinzip deutlich.

In einer Pfälzer Allmende-Ordnung gefiel mir ein Passus zum Thema Sanktionen: Bei wiederholter Regelmissachtung kann dort jemand von der Nutzung eines Gemeingutes ausgeschlossen werden und außerdem in der Allmende-Gemeinschaft Stimmrecht sowie aktives und passives Wahlrecht verlieren. Allerdings behält er Rede- und Vorschlagsrecht wie bei uns die jugendlichen Mitglieder.

Es fällt auf, dass die Basisgemeinschaften den öffentlichen Raum ganz anders nutzen. Die Aufteilung und Gestaltung trägt zur Beruhigung und Verschönerung bei, hat eine gute Aufenthaltsqualität und ermöglicht alltägliche Begegnungen.[27] Zu diesem Zweck wurden zum Beispiel in vielen Städten begrünte Spielstraßen eingerichtet. Aus einem Nebeneinander wurde ein Miteinander der Anwohner und Verkehrsteilnehmer. Durch die Gestaltung des Straßenraumes können Autofahrer ihre Routine durchbrechen. Entschleunigter Autoverkehr macht Kontakt und Kommunikation möglich. Fußgänger, Radfahrer und Autofahrer bewegen sich nun auf der ehemaligen, oft sogar verschmalten Fahrbahn. Alle gehen rücksichtsvoll miteinander um, so dass ein großes Gefühl der Sicherheit entstanden beziehungsweise geblieben ist. Der Umbau der öffentlichen Flächen erfolgte meistens mit sehr viel Eigenarbeit der Anwohner. Asphalt und Unterbau besonders der Bürgersteige wurden zurückgebaut, Oberboden wurde aufgebracht, Baumreihen gepflanzt, Rasen oder Wiese eingesät und / oder Gemüsebeete angelegt, so dass diese Straßen jetzt beidseitig einen schönen Grünstreifen haben.[28] Hier zeigt sich: ‚Geteilter Raum ist doppelter Raum.'[29]

In der Großstadt D. fällt der Blick zwangsläufig auf ein Großprojekt, das das dortige Allmende-Netzwerk eingestellt hat. Es handelt sich um ein Projekt, das auf unsere Dorfsituation nicht übertragbar ist, aber auch nicht übertragen zu werden braucht. Es ist absolut verblüffend. Stellt euch vor, dass um die Innenstadt ein großer, breiter, vielspuriger Ring für den Autoverkehr führt. Stellt euch weiter vor, dass die eine Fahrtrichtung komplett zurückgebaut wird und für beide Fahrtrichtungen im Innenbereich noch zwei bzw. teils drei Spuren übrigbleiben. Stellt euch weiter vor, dass der Bereich der früheren Außenbahnen begrünt und mit Weidezäunen umgeben wird. Was fehlt nun noch?

Richtig: Tiere und Schutz vor der Witterung. Esel, Schafe und Ziegen tummeln sich rund um die große Innenstadt. Koppelwärter sorgen mithilfe automatischer Verschlusssysteme dafür, dass Fußgänger, Radfahrer und Autos an manchen Stellen passieren können, um in die Innenstadt zu gelangen.

Auch wird in vielen Städten vormals privater Raum anders aufgeteilt und genutzt. Ich meine zum Beispiel solche Wohnblöcke wie in Stadthausen, mit privaten Gärten der Hauseigentümer hinterm Haus. Alles war mit Zäunen oder Hecken abgeteilt. Sehr viele Wohnblöcke Deutschland-weit haben jetzt sämtliche Gärten zusammengelegt. Die Zäune wurden entfernt, Hecken und Blumenrabatten wurden durchlässig gemacht. Durch Wegfall der Gartengrenzen entstanden große Spiel- und Erlebnisfelder der Kinder, was auch die Eltern verschiedener Straßenzüge in Kontakt bringt. Selbst alte Leute begegnen sich nun in dem großen Areal und treffen sich an schattigen Plätzen zum Schwatz oder spielen Boccia. Der gegenseitige Bekanntheitsgrad der Wohnblock-Bewohner ist so sprunghaft angestiegen. Oft habe ich erlebt, wie sich bereits vielfältige einmalige oder regelmäßige nachbarschaftliche Hilfen entwickelten, der Verleih von Geräten und selbst von Pkws. Gärtnergemeinschaften sind entstanden. Der eigene Anbau von Obst und Gemüse kommt wieder in Mode. Ein schönes soziales Projekt ist der Bau eines überdachten Lehmbackofens. Hier werden regelmäßig vom beauftragten Gemeinschaftsbäcker Brote gebacken. Entweder die Leute bringen ihren vorbereiteten Teig mit oder sie bestellen rechtzeitig ein Brot. Die Backtermine erfreuen sich großer Beliebtheit, nicht nur bei den Brotkunden. Alle Generationen trudeln ein, trinken Bier oder Kaffee oder sonstwas. Nach den Broten werden noch Pizzen gebacken. Wirklich eine runde Sache. Überall werden bunte Wohnblockfeste gefeiert, bei denen die großen Grünanlagen wunderbar geschmückt werden. Da kommt die Kreativität und die Lebensfreude der Menschen zum Ausdruck: eigene kulturelle Beiträge, Kochkünste und vieles andere mehr.

In vielen Städten gehen die *Raum-Allmenden*, die sich mit Fragen elektromagnetischer Wellen befassen, nun konsequent gegen Reizüberflutung, Strahlenbelastung und Lärmbelästigung vor: Reklame wird im öffentlichen Raum komplett verboten, die Lichtverschmutzung wird drastisch zurückgedrängt, sowohl tagsüber als auch nachts, Mobilfunkstrahlung wird eingedämmt, große Teile der Verkehrsschilder werden entfernt, laute Freizeitgeräte und Fahrzeuge dürfen nicht mehr genutzt werden. Der Erholungseffekt ist unbeschreiblich. In dieselbe Richtung geht ein weiteres Beispiel: In ganz Deutschland haben die *Atmosphäre-* und *Raum-Allmenden* Nachtflugverbote durchgesetzt. Auf manchen Flughäfen ist schon um 20 Uhr Schicht und um 7 Uhr morgens geht es erst wieder los.

Ein anderes Projekt eines bayrischen Allmende-Netzwerkes dreht sich um die Nutzung organischer Wertstoffe, sprich hauptsächlich Grün-, Strauch und Baumschnitt, Laub sowie Lebensmittelreste. Den dortigen selbsternannten *Allmenderas* und *Allmenderos* geht es darum, dass diese Wertstoffe den beteiligten Dörfern zu Gute kommen. Ein Teil wird gleich in den Dörfern kompostiert und der Kompost zur Verbesserung der Bodenfruchtbarkeit in den Gärten eingesetzt. Außerdem ist in vielen beteiligten Dörfern bereits die Nutzung von Komposttoiletten angelaufen, so dass dort nun noch viel mehr Wertstoffe zur Verfügung stehen und gleichzeitig die Abwasserproblematik entschärft wird. Phosphor, Stickstoff und Kalium aus den Fäkalien kommen, wie früher üblich, wieder der Landwirtschaft zugute.[30] Der größere Teil der organischen Wertstoffe wird allerdings nicht kompostiert. Etwa fünfzig Dörfer der Umgebung haben sich – unterstützt mit neu herausgegebenem Geld des Gesellschaftsrates - eine Pyrolyseanlage angeschafft, die sich in dem zentralen Dorf befindet. Die Anlage stellt aus den Wertstoffen

Pflanzenkohle her. Diese ist superporös und vielfach einsetzbar, zum Beispiel auch für die Verbesserung der Gartenböden oder für die Hygiene in den Ställen. Die Gesundheit der Tiere soll schon merklich besser geworden sein.[31] Das wäre auch für unser Dorf und die Umgebung eine tolle Sache.

4. *Hans im Glück* und andere gesellschaftliche Entwicklungen

Ich bin gebeten worden, auch von den tiefgreifenden Veränderungen in unserer Gesellschaft zu berichten, die sich außerhalb des Allmendewesens abspielen. Ich will das versuchen:

Die breite Aufbruchstimmung wird getragen von geänderten Lebenseinstellungen einerseits und von institutionellen Änderungen andererseits, die sich wechselseitig beeinflussen. Eine kleine Zeitungsnotiz soll das verdeutlichen. Zitat:

„Berlin. Einer repräsentativen Umfrage des Meinungsforschungs-Institutes ABC zufolge geht ein Aufatmen durch die Gesellschaft. Viele Befragte hätten mit Blick auf die neue Gesellschaftsordnung sinngemäß das Gefühl, ein Fluch sei von ihnen abgefallen. Obwohl der Außenhandel drastisch zurückgegangen sei, viel weniger Waren und Dienstleistungen konsumiert würden und viel weniger Geld im Umlauf sei, gaben viele Befragte an, erstmals das Gefühl zu haben, in Fülle zu leben, wohingegen sie sich zuvor hätten ein Mangelgefühl und Unzufriedenheit suggerieren lassen, das mit Konsum zu bekämpfen sei." Zitat Ende.

Ein vieldiskutierter Leitartikel geht in eine ähnliche Richtung. Der Titel lautet: *„Vom Überfluss zur Fülle"*. Ein anderer Leitartikler titelt: *„Selber machen – Verbundenheit statt Entfremdung"*.

Was steckt dahinter? Sicher die Erkenntnis, dass die Überfülle des Höher, Schneller, Weiter, dass Massenproduktion und Massenkonsum nicht wirklich glücklich machen, dass wir mit unserer Überindustrialisierung unser Land und unseren Globus übernutzt und uns selbst die Möglichkeit zu kreativem Schaffen genommen haben. Die Einsicht, dass wir mehr auf lokale und regionale Wirtschaftskreisläufe setzen müssen, wenn wir dem internationalen Schlamassel entgehen wollen. Und nicht zuletzt das Vertrauen, dass es auch anders geht. Und die Erfolge zeigen ja auch: Wir sind nicht ohnmächtig; wir können etwas bewegen.

Ein Symbol für die völlig geänderte Sichtweise sind die wöchentlichen Verlautbarungen zur Wirtschaftsschrumpfung und die damit einhergehenden anderen Schrumpfungseffekte, die nun regelmäßig gefeiert werden: weniger Rohstoff- und Energieverbrauch, weniger industrielle Massenerzeugung, weniger Automaten, weniger Ein- und Ausfuhren, weniger Gütertransporte und Privatfahrten, weniger geflogene Kilometer; weniger Umweltgifte, weniger Digitalisierung, weniger Überflüssiges, weniger Müll, weniger Lärm, weniger Erwerbsarbeitszeiten, weniger Hast und Hetze, weniger Arbeitslose, weniger Kriminalität, weniger Gegeneinander, weniger Angst und stressbedingte Krankheiten, weniger Schwangerschaftsabbrüche usw. Es bewahrheitet sich hier, dass Weniger manchmal Mehr ist. Die Gesellschaft befindet sich im *Hans-im-Glück*-Modus, wie es heute in Anlehnung an das Grimm-Märchen und an das regelmäßige Magazin der deutschen Schrumpfungsbewegung heißt. Viele Menschen fühlen sich – so kann man die *ABC*-Meinungsumfrage auch lesen -, als seien sie **wie *Hans im Glück* nach Hause gekommen**. Sie genießen das Mehr an Muße, an Zeit für die Familie und für andere wesentliche Dinge, an gegenseitigem Vertrauen und gegenseitiger Wertschätzung, an Miteinander, an Beheimatung[32] und Verbundenheit, an Gelassenheit, an Freundlichkeit, an froher Genügsamkeit, an Unabhängigkeit und Freiheit, an landschaftlicher Schönheit, an Stille, an Selbstgemachtem, an Sinn und an Gerechtigkeit, genießen das Mehr an Würde. Sie genießen sogar die Mühe des Selbermachens, des Teilens, selbst die damit verbundenen Unbequemlichkeiten. Langsamkeit, Dauer, Pannen und Fehler sind in Ordnung. Was soll's, höre ich immer wieder. Wir bewundern heute Völker, die trotz materieller Armut glücklich zu sein scheinen. Sie leben im Einklang mit sich und der Natur und ihrer Gemeinschaft. Dagegen tun uns Völker leid, die glauben, raubmörderische Kriege um Öl und andere Rohstoffe führen zu müssen, um ihren Lebensstil im Überfluss fortsetzen zu können. Sie leben sicher in Angst und Leere.

Imre: „Du hast doch schon viel mehr rechtliche Veränderungen angedeutet. Was hältst du davon für besonders wichtig, und wie kommen die Veränderungen in der Bevölkerung an?"

Danke für die Frage. Soziologische Untersuchungen zeigen: Von der großen Mehrheit der Deutschen werden die wichtigsten Neuerungen begrüßt: der *basis-demokratische Frühling*, die neue Eigentums- und Bodenordnung sowie die neue Geld-, Finanz- und Wirtschaftsordnung. Finanz- und Bodenspekulationen sind ja nicht mehr möglich. Unverdientes Einkommen auch nicht mehr. Hohe Mieten gehören der Vergangenheit an. An Selbstversorgung Interessierten wird kostenlos bebaubares Land überlassen, Gemeinwohl-verträgliche Investitionen werden auf Wunsch vom Gesellschaftsrat mit der Herausgabe neuen Geldes stark unterstützt. Gemeinwohl-schädliches Wirtschaften wird stark behindert oder unterbunden. Eine Wirtschaft kurzer Wege, lokale und regionale Kreisläufe, solidarisches, genossenschaftliches Wirtschaften liegen total im Trend, besonders in ländlichen Gegenden. Großbetriebe werden aufgeteilt in viele kleine. Betriebe sind jetzt Zugewinngemeinschaften, in denen Wertsteigerungen der ganzen Belegschaft gehören und nicht nur dem Unternehmer.[33] Waren werden auf Bestellung erzeugt, vielfach Unikate. Abhängig Beschäftigte zahlen keine Einkommenssteuer mehr. Denn der Verdienst wurde zum Stichtag für alle auf Netto Steuerklasse 1 umgestellt.[34] Überhaupt haben sie mit dem Finanzamt nichts mehr zu tun, außer dass sie Geld bekommen, zum Beispiel ihr Grundeinkommen, die *CO_2-Pro-Kopf-Rückgabe* sowie gegebenenfalls *Erziehungs-* oder *Pflegegehalt*. Auch für die Betriebe wird es einfacher, weil die Finanzierung der sozialen Sicherung und vieler staatlicher Leistungen vollständig vom Faktor Arbeit entkoppelt wurde. Wo vorher umständlich für jeden Mitarbeiter einzeln die Sozialabgaben und Steuern ermittelt und differenziert abgeführt werden mussten, braucht jetzt nur die höhere Steuer auf Umsatz bzw. Gewinn gezahlt zu werden. Damit verbunden sind neben dem drastischen Bürokratieabbau in den Betrieben auch erhebliche Beschäftigungseffekte sowie höhere Löhne, weil Betriebe mit vielen Beschäftigten und hohen Löhnen jetzt nicht mehr benachteiligt werden.[35] All diese drastischen Änderungen werden wegen ihrer positiven Auswirkungen sehr begrüßt.

Tomasz: „Das war jetzt sehr viel auf einmal. Kannst du bitte noch mehr zur Eigentums- und Bodenordnung und zum basisdemokratischen Frühling sagen?"

Gerne. Grund und Boden gehören jetzt zu den unveräußerlichen Gemeingütern.[36] Diese werden in der Regel von den Allmende-Gemeinschaften und -Netzwerken geschützt, verwaltet und unter Auflagen auf Zeit zur Nutzung überlassen.[37] Damit entscheiden gesellschaftliche Gruppen unterhalb der Kommunalebene über wesentliche Aspekte des Wirtschaftens – und das in ganz Deutschland, in den meisten Gegenden. Die Menschen nehmen die Macht und die Verantwortung beherzt an. Das meinte ich mit *basisdemokratischem Frühling*.

Über die neue Bodenordnung[38] könnte noch Vieles gesagt werden. Ich möchte nur ein paar Beispiele nennen: Aus den Hochwassern und Überschwemmungen wurde die Lehre gezogen, dass wir drastisch Flächen entsiegeln müssen. Auch muss jetzt platzsparender gebaut werden. Aus den Nahrungsmittelengpässen und dem Verlust an Artenvielfalt wurde die Lehre gezogen, dass Humusaufbau betrieben werden muss, dass Bodenverdichtung und Bodenerosion vermieden werden müssen, dass der Biotopverbund verbessert und Viehhaltung begrenzt werden muss und dass nur noch ökologischer Garten- und Landbau zulässig ist.

Du hast nach der Eigentumsordnung[39] gefragt. Der springende Punkt ist jetzt die Frage, wozu wir eine höchstpersönliche Beziehung haben. Dieser existenzielle Eigentumsbegriff wurde nämlich auch auf den juristischen Begriff übertragen. Das hat weitreichende Konsequenzen, da man gar nicht zu so vielen Dingen eine höchstpersönliche Beziehung haben kann. Denkt auch an das Wirtschaftswesen. Handelsgüter können kein Eigentum mehr sein und können nur innerhalb einer Frist verkauft werden. Konzerne mussten restrukturiert, das heißt aufgeteilt werden. Aktiengesellschaften gibt es nicht mehr. Betriebe sollen jetzt in der Regel nicht mehr als 35 Mitarbeiter haben.[40]

Maarja: „Wie funktioniert denn euer neues Geldsystem? Und was hat es mit dem Gesellschaftsrat auf sich?

Geld gilt als nicht-natürliches Gemeingut, das einen anonymen Ringtausch erleichtern soll.[41] Der *Jubel* hat 49 Jahre Gültigkeit und verfällt dann mit samt den inländischen Schulden. Auch mit der Einführung des *Jubel* wurden inländische Altschulden nichtig.[42] Es war geplant, auch Geldvermögen zu annullieren. Das wurde aber wegen der drohenden Kapitalflucht wieder verworfen. Der Gesellschaftsrat setzt sich aus Vertreterinnen ausgeloster Allmende-Gemeinschaften zusammen. Er setzt zum Beispiel die Geldmenge fest. Er orientiert sich dabei am geschätzten Volksvermögen an materiellen und immateriellen Gütern. Außerdem unterstützt er zukunftsträchtige und Gemeinwohl-verträgliche Investitionen mit frischem Geld und ist für die Aufteilung von Konzernen und anderen Großbetrieben zuständig. Dabei wird er vom Bundesfinanzministerium beraten und unterstützt.[43]

Tomasz: „Kannst du auch die Wirtschaftsordnung noch genauer erklären?"

Uns ist wichtig, dass jegliches Wirtschaften einerseits menschlichen Bedürfnissen dient und andererseits auf nachhaltige und Gemeinwohl-verträgliche Weise erfolgt. Auch soll die Wirtschaft in Krisenzeiten widerstandsfähig sein. Das bedeutet nicht nur, dass Lebensmittel- und Energievorräte angelegt werden, sondern auch dass Selbstversorgung sowie lokale und regionale Wirtschaftskreisläufe begünstigt werden.

Rohstoffe und ausländische Erzeugnisse dürfen nur eingeführt werden, wenn sie entlang der kompletten Produktions- und Nutzungskette hohen sozialen und ökologischen Standards entsprechen. In Grenzfällen können auch Zölle erhoben werden.

Unverdientes Einkommen ist nicht mehr zulässig. Das gilt zum Beispiel für Spekulationen aller Art. Aktiengesellschaften gibt es dem entsprechend auch nicht mehr. Einkommen ab 60.000,- *Jubel* pro Jahr wird zu 100 % versteuert. Innerhalb eines Betriebes darf der Stundenlohn des Höchstverdienenden nur siebenmal höher sein als der des Geringstverdienenden.

Betriebe sind jetzt grundsätzlich Zuverdienst-Gemeinschaften. Das bedeutet, dass betriebliche Wertsteigerungen der ganzen Belegschaft gehören und nicht nur dem Unternehmer. Wurde Geld vom Gesellschaftsrat bezogen, hält auch die Gesellschaft einen kleinen Anteil am Betriebsvermögen.[44]

Die Marktwirtschaft mit ihrer Arbeitsteilung macht immer noch einen großen Teil des Wirtschaftens aus, wahrscheinlich den größten. Wie gesagt, sind die Betriebe jetzt klein und überschaubar und arbeiten mit viel kleineren Geräten und Maschinen. Der Erfindergeist der Ingenieure scheint kaum Grenzen zu kennen. Die meisten deutschen Erfindungen werden jetzt weltweit frei zugänglich und nutzbar gemacht.

Von der Marktwirtschaft ausgenommen sind die neu definierten Gemeingüter sowie die Genossenschaften, die solidarisch wirtschaften. Außerdem ist der Bereich der individuellen oder gemeinschaftlichen Selbstversorgung einschließlich der Sorgearbeit sprunghaft angestiegen.

Damit komme ich zu einem weiteren wichtigen Punkt: Zur Aufbruchstimmung gehört auch – ich will es nochmal betonen – eine Kultur des Selberkönnens und Selbermachens, des Schenkens, des gegenseitigen Sich-ergänzens und Sich-helfens, also der individuellen und kollektiven Selbstverantwortung. Grundeinkommen und soziale Sicherung haben diese Kultur nicht – wie befürchtet – untergraben, sondern stark befördert. Das zeigt sich auch am Erfolg der vielen neuen Genossenschaften, die besonders im ländlichen Raum wichtige Angebote machen und Arbeitsplätze schaffen. Initiative plus Solidarität plus Grundeinkommen ergeben so eine starke Belebung ländlicher Räume. Im Folgenden möchte ich ein paar Beispiele einer solchen solidarischen und genossenschaftlichen Wirtschaftsweise vorstellen, die ich auf meiner Deutschlandtour kennengelernt habe.

In einem sächsischen Dorf habe ich eine solidarische Schusterei und eine solidarische Schneiderei kennengelernt. Die Schusterin und der Schneider wurden je von einer Diener- / Dienstnehmer-gemeinschaft angestellt und bekommen, wie unser Schmied und unser Müller, von den Mitgliedern ihr monatliches Gehalt. Auch hier hat jedes Mitglied Anspruch auf standardisierte Leistungen sowie in gewissem Umfang auch auf individuelle Leistungen. Bisher hat sich angeblich noch niemand über Ungerechtigkeiten beklagt. Viele Wege in die Stadt konnten schon vermieden werden und zwei Handwerker haben ein sicheres Auskommen.

Ihr könnt euch vorstellen, dass die gestiegenen Benzinpreise den öffentlichen Personenverkehr attraktiver und rentabler machen. Das reicht aber trotzdem oft und gerade in ländlichen Räumen nicht aus. Im Saarland, in Brandenburg und in Hessen gibt es jetzt auch solidarisches Verkehrswesen. Große Einwohnerzahlen ländlicher Bevölkerung beschäftigen Omnibusbusfahrer, die die Dörfer untereinander und mit den nächsten Städten verbinden. Die Anschaffung von kleinen und großen Bussen wird jeweils weitgehend mit frischem Geld des Gesellschaftsrates gefördert. Die Mitglieder fahren kostenlos, die Busfahrerinnen und -fahrer haben ihr Auskommen. Natürlich gibt es auch weiterhin, sogar mehr als früher, die rein ehrenamtlichen Bürgerbusvereine, die durch die zahlreichen Allmendedienste einen regen Aufschwung erleben.

In Bayern, in Niedersachsen und in Mecklenburg sind solidarische Dorfläden entstanden. Genossenschaftsmitglieder beschäftigen eine Ladnerin oder einen Ladner, die oder der sich um die Warenbestellungen kümmert. Großen Wert wird auf lokale und regionale Produkte gelegt, was die heimische Wirtschaft stützt und Transportwege vermindert. Aufgrund des großen Einkaufsvolumens können starke Rabatte erzielt werden. Die Ladner sind in der Regel durch ihr Gehalt abgesichert. Es gibt aber auch andere Konzepte, wo der Ladner nicht per Gehalt, sondern über die Einkäufe finanziert wird. In allen Fällen ist es jedenfalls gelungen, dass wieder fußläufig, und somit auch umweltfreundlich, im Dorf eingekauft werden kann und in den Läden neue Kommunikationspunkte entstanden sind.

Letztgenanntes gilt auch für die vielen solidarischen Dorf- und Kleinstadtkneipen.

In einigen deutschen Gegenden gibt es jetzt Genossenschaften rund um den Anbau von Hanf, Leinen und Nessel und deren Verarbeitung zu Textilien. Auch das sind schöne Beispiele für Selbermachen und Eigenständigkeit. Manch asiatische Billigware braucht nun nicht mehr angekarrt zu werden.

Arto: „Mich würde interessieren, wie es deiner Familie ergeht und wie ihr euch fühlt."

Natürlich sind auch wir in vieler Hinsicht von den neuen rechtlichen Bestimmungen betroffen. Auch wir fühlen uns wie *Hans im Glück*. Von meinem Allmende-Dienst habe ich schon berichtet. Mit diesem verbunden ist ein deutlich geringeres Einkommen. Dafür habe ich mehr Zeit für meine Familie, für unsere gemeinsame Gartenbewirtschaftung und Kleinviehhaltung im Dorf und eben für mein gesellschaftliches Engagement.

Die berufliche Situation meiner Frau hat sich auch stark geändert. Der Automobilkonzern, für den sie arbeitete, wurde restrukturiert. Das heißt, dass er in mehrere Hundert selbständige Betriebe aufgeteilt wurde. Viele der neuen Werkgemeinschaften sind genossenschaftlich, das heißt demokratisch verfasst. Die meisten sind weiterhin mit der Automobilproduktion befasst. Allerdings ist die Herstellung von Elektroautos seit kurzem fast völlig zum Erliegen gekommen. Das liegt daran, dass es weltweit kein Kobalt gibt, das unter sozial-ökologisch akzeptablen Bedingungen gefördert wird. Das ist ein Grund, warum die Betriebe sich jetzt auch für ganz andere Produktbereiche öffnen. Sie orientieren sich dabei an den Wünschen und Bedürfnissen, die von der Bevölkerung allgemein beziehungsweise von den Kunden ganz konkret artikuliert werden. Meine Frau ist in die entsprechenden Betriebsberatungen eingebunden, so wie die Kollegen auch. Sie findet das toll und staunt, wenn zukunftstaugliche Investitionen zu einem guten Teil vom Gesellschaftsrat ermöglicht werden.

Obwohl meine Frau im Betrieb als ziemlich unentbehrlich angesehen wurde, konnte sie ihre Arbeitszeit auch stark reduzieren. Ja sie musste sogar und das war wahrscheinlich ausschlaggebend. Denn die neu definierte Sorgepflicht der Eltern erlaubt bei kleinen Kindern nur einen bestimmten Umfang an Erwerbsarbeit.[45] Und wir genießen das.

Wir begrüßen auch den Shuttleservice mit Gustavs Pferdekutsche zur Bushaltestelle, der sogar in einer Verkehrsverknüpfungs-App berücksichtigt ist. Wir konnten so auf ein Auto verzichten. Natürlich fehlt das Auto manchmal, aber dann stimmen wir uns mit Nachbarn ab, die uns bereitwillig ihr Auto zur Verfügung stellen. Oder wir nutzen unsere Fahrräder. Das tut uns richtig gut und bringt uns in Schwung. Das Gleiche gilt für die gemeinschaftliche Gartenarbeit, von der ich schon sprach. Das Ganze ist sehr kommunikativ. Die gemeinsame körperliche Arbeit, das Säen und Pflanzen, Jäten und Beschneiden, Gießen und Ernten machen uns allen viel Freude. Wir beteiligen uns auch an der Schaf- und Hühnerhaltung. Das ist aber nicht so unser Ding. Dafür macht das unseren älteren Kindern Spaß. Im Rahmen der Vermittlung von Kulturtechniken haben sie diesbezüglich schon viel gelernt und sind entsprechend selbstbewusst. Überhaupt haben wir den Eindruck, dass der stark verringerte Schulunterricht in den ersten sechs Jahren unseren Kindern allen nicht schadet. Was ihnen stattdessen bei uns im Dorf geboten wird, ist so wertvoll, dass sie davon ihr ganzes Leben zehren werden. Das betrifft nicht nur Kenntnisse und Fähigkeiten, sondern auch Einstellungen und Sozialverhalten. Also auch hier wieder dieses starke *Hans-im-Glück*-Gefühl.

An einem anderen Punkt hadern wir allerdings mit der neuen Rechtsordnung. Meine Nichte ist mit neunzehn Jahren verstorben. Man muss sagen: an Organversagen. Früher hätte sie durch eine mögliche Organtransplantation allerdings eine Überlebenschance gehabt. Da nun aber Sterbenden keine Organe mehr entnommen werden dürfen[46], hatte sie diese Chance nicht mehr. Das sehen wir zwar auch irgendwie ein, wollen es aber trotzdem nicht recht akzeptieren. Unsere Nichte hatte noch so viel vor. Andererseits schien sie ihr Sterben mehr zu akzeptieren als wir Älteren. Wir alle mussten uns mit dem Tod und unserer Sterblichkeit auseinandersetzen. Unser Glaube war uns dabei eine große Hilfe. Das half uns auch dabei, unsere Kinder zu trösten. Manchmal denken wir jetzt mit Freude an unsere verstorbene Nichte. Von *Hans im Glück* möchte ich hier aber trotzdem nicht sprechen.

Aber noch einmal zurück in die Gesellschaft. Die vorgestellten Beispiele aus dem deutschen Allmende- und Genossenschaftswesen konnte ich im Vorfeld über Internetportale ermitteln. Auf ein Projekt wurde ich allerdings unterwegs mündlich aufmerksam gemacht. Davon will ich nun zum Schluss noch berichten: In Brandenburg gab es nach der Wende einen großen Agrarbetrieb mit fünftausend Hektar Ackerland unterm Pflug, ein unvorstellbar großes Gebiet, mit unseren westfälischen Agrarbetrieben gar nicht zu vergleichen. Die neue Eigentumsordnung machte auch hier eine Restrukturierung erforderlich. Das dortige Allmende-Netzwerk hat lange beraten, wie verfahren werden sollte. Viertausend Hektar Land wurden fünfunddreißig neugegründeten landwirtschaftlichen Genossenschaften überlassen. Sie produzieren für die umliegenden Städte und Regionen. Das Besondere ist nun der Umgang mit den verbleibenden tausend Hektar. Der Gedanke einer weitgehenden, gemeinschaftlichen Selbstversorgung sollte zum Tragen kommen. Eine *Null-Transport-Strategie* sollte verfolgt und gegenseitige Hilfe geleistet werden. Pro Person sollten eintausend Quadratmeter Land zur Verfügung gestellt werden, außerdem Teile des vormaligen Staatswaldes - eine Fläche also, die auch im globalen Maßstab tragbar sein könnte. Mit Verblüffung wurde nun festgestellt, dass sich womöglich zehntausend Menschen auf diesen Flächen selbst ernähren beziehungsweise versorgen könnten. Jedenfalls im Prinzip. Was nun? Wer wollte schon in die Pampa ziehen? Und selbst wenn - der entsprechende Wohnraum war ja gar nicht vorhanden. Diese Fragen und Befürchtungen wurden schnell ausgeräumt. Abwanderer kamen scharenweise zurück, besonders Frauen mit und ohne Kinder, dazu viele Leute aus Berlin und Mecklenburg, sogar aus Westdeutschland. Es wurde beschlossen, keine Agrarflächen zu zersiedeln. Daraus folgte ein Bauen in die Höhe und zwar in sieben quasi neuen, benachbarten Orten. Anders als im dörflichen Altbau wurden nun drei- bis sechsstöckige Wohn- und Gewerbegebäude errichtet. Die Wohnungen fielen relativ klein aus, dafür steht allen viel Grün und Landschaft zur Verfügung. Der Gesellschaftsrat half auch hier wieder mit frischem Geld weiter. Soweit so gut.

Besonders eindrucksvoll ist aber noch etwas anderes. Die Gebäude wurden weitgehend in Eigenarbeit errichtet. Die beruflichen Qualifikationen waren vorhanden, Nachbarschaftshilfe ebenfalls. Große Maschinen wurden gemietet. Dieser gemeinsame Prozess der Ortsentstehung und -entwicklung mit seiner hohen Kontaktdichte hat ein sehr starkes Zusammengehörigkeitsgefühl erzeugt. So bildeten sich schnell lebendige, örtliche Basisgemeinschaften und aus deren Zusammenschluss echte Gemeinwesen, die nicht einfach nur anonyme Gesellschaft sind. Die Entwicklung setzt sich fort: Die Selbstversorgung mit Lebensmitteln, ebenso die Erzeugung von Gebrauchs- und Luxuswaren erfolgen gemeinschaftlich, auch die sozialen Dienste und was man sonst noch braucht. Es fließt überhaupt kein Geld innerhalb der Siedlungen. Alle bringen sich gerne ein und freuen sich über ihren eigenen Beitrag. Die sieben Orte unterstützen und ergänzen sich gegenseitig. Es ist genug für alle da. Zehntausend Menschen sind fast autark und ohne jeden Geldfluss. Ich würde das vielleicht als eine informelle Genossenschaft[47] bezeichnen. Das konnte so nicht geplant werden und ist in Europa vermutlich einzigartig. Aber es existiert so und ist überaus lebendig.

Baruch: „Von Europa kann ich nicht sprechen. Aber die genannten Brandenburger Gemeinwesen kann man durchaus mit unseren *Moschawim* vergleichen."

5. Zusammenfassung:

Euren Blicken entnehme ich Staunen und Verblüffung. Das habe ich auch nicht anders erwartet. Ich habe euch gezeigt, was sich bei uns in Günsdorf in den letzten Jahren abgespielt hat. Wir kennen uns jetzt untereinander viel besser, auch die Kontakte zu den Nachbardörfern sind viel enger. Das gegenseitige Vertrauen ist stark gewachsen. Vielen Einzelnen konnte in vielfältiger Weise geholfen werden. Vielen konnten sinnvolle Betätigungen vermittelt werden. Unsere Abhängigkeit vom Geld, von der Marktwirtschaft und von staatlichen Hilfen hat rapide abgenommen. Wir fühlen uns in unserer menschlichen Würde gestärkt, einerseits durch ein Mehr an Freiheit und an kreativen Gestaltungsmöglichkeiten und andererseits durch ein Mehr an gelebter Verantwortung. Uns wurde etwas zugetraut und wir haben etwas daraus gemacht, ohne dabei egoistisch nur auf uns zu schauen. Das erfüllt uns mit Zufriedenheit und auch etwas Stolz.

Auch konnte ich euch anhand von Beispielen zeigen, was sich in Deutschland insgesamt gesellschaftlich tut. Das viele Positive, die anhaltende Aufbruchstimmung sollen allerdings nicht darüber hinwegtäuschen, dass es auch viele Probleme gibt, dass nach wie vor viele Menschen mit ihrem Schicksal hadern, sie ihren Trennungsschmerz noch nicht verarbeiten konnten. Es gibt auch viele, die zurück zu den Fleischtöpfen der alten Bundesrepublik wollen, ein durchaus legitimes Anliegen. Und auch ein verständliches Anliegen, weil viele große Probleme noch nicht gelöst werden konnten. Dass das Bruttosozialprodukt dramatisch eingebrochen ist, muss für sich genommen ja noch nicht schlimm sein, zumal es sowieso nie ein guter Indikator für das Wohlergehen des Volkes war. Beispielsweise hat es sehr viele Vorteile, dass viel weniger produziert, konsumiert und transportiert wird. Vor allem weil die sozial-ökologischen Schäden – besonders im Ausland - minimiert werden konnten. Es muss aber eingeräumt werden, dass der Staat immer noch ein erhebliches Steueraufkommen benötigt. Denken wir zum Beispiel an das Grundeinkommen und die soziale Sicherung. Neues Geld wird ja nur für zukunftstaugliche Investitionen herausgegeben.[48] Für konsumtive Ausgaben müssen weiterhin Steuern erhoben werden. Und das Steueraufkommen wird nun einmal in den Betrieben generiert. Es zeichnet sich ab, dass es so nicht mehr lange weitergehen kann. Was nun? Besser als früher erkennen wir nun, dass wir früher auf Kosten anderer gelebt haben. Sollen wir nun wieder, wie früher, andere Länder und Kontinente und deren Menschen, deren Rohstoffe und deren Umwelt ausbeuten? Ich bin dagegen, auch wenn ich im Moment noch keine Lösung sehe. Immerhin können wir Gott um die nötigen Einsichten bitten und um den nötigen Mut. Vielleicht bleiben ja am Ende wieder zwölf Körbe übrig.

Vielen Dank für eure Aufmerksamkeit!

TEIL 2

RÜCKBLICK

1. Von außen: unfassbar

Véronique: „Von außen betrachtet ist die Entwicklung in Deutschland unfassbar. Wir können nicht verstehen, wie so dramatische Neuerungen möglich wurden. Bei uns sehe ich nur Hilflosigkeit angesichts der vielen Probleme."

Ja, das ist absolut nicht absehbar gewesen, auch nicht planbar oder machbar: dass der deutsche Bundestag sich auf einmal genötigt sah, dem Volk eine Volksabstimmung über eine neue Verfassung zuzubilligen, dass das Volk überhaupt in diese Richtung drängte - schien doch das Grundgesetz für die Bundesrepublik Deutschland vorbildlich zu sein. Auch im Nachhinein lässt sich kaum sagen, wie es dazu kommen konnte, weshalb viele auch von einem Wunder ähnlich dem Mauerfall sprechen.

Ohne der Vorstellung von einem Wunder widersprechen zu wollen, lässt sich aber doch eine gewisse Gemengelage skizzieren, die den Gang der Dinge halbwegs erklären könnte. Auf der einen Seite chronische Problemlagen, schlechte politische Performance, Stimmungen, Trends, die schlicht verkannt wurden; auf der anderen Seite an vielen Orten in Deutschland glaubwürdige Akteure, die das lebten, was sie vertraten, die zeigten, dass gutes Leben, einfaches Leben ohne besonderen materiellen Wohlstand, ohne Statussymbole und auf Niemandes Kosten möglich ist. Ich will also den Versuch machen, diese Gemengelage ohne Anspruch auf Vollständigkeit zu skizzieren.

Das Leiden an einer sinnwidrigen Ordnung[49] war damals in

Deutschland sehr groß. Wohnungsnot, Arbeitslosigkeit, unerträgliche Verkehrsprobleme in den Städten, Höfesterben, Bankensterben, Vermögensschäden, politisches Lavieren, Lügen, durchschaubarer Lobbyeinfluss – der Unmut wurde riesengroß. Die regelmäßigen Extremwetterlagen und ihre dramatischen Folgen brachten Millionen Menschen auf die Straßen. Sie warfen der Regierung und dem Parlament Heuchelei vor und forderten wirksame Maßnahmen gegen den Klimawandel. Böse Zungen sprachen von einem *wirtschaftlich-politischen* Komplex. Nun war aber den Politikern durchaus bekannt, dass es auch im Volk viel Heuchelei gab, schien doch kaum jemand bereit zu sein, seinen Lebensstil zu ändern. Trotzdem sah sich die Regierung genötigt zu handeln.

Es wurden zwanzig sogenannte *Planungszellen*[50] eingerichtet, verteilt über ganz Deutschland, mit jeweils 25 nach dem Zufallsprinzip ausgewählten Teilnehmenden. Abgeschirmt von der Öffentlichkeit arbeiteten diese sich nun im Rahmen bestimmter Module in die Klimathematik ein. Was bewirkt den Klimawandel? Was hat er für Folgen, in Deutschland und weltweit? Wieviel CO_2-Ausstoß ist pro Kopf dauerhaft tragbar? Welche Möglichkeiten zur Verringerung der Treibhausgase gibt es? – und so weiter. Im Endeffekt sollten die *Planungszellen* der Gesellschaft und der Politik Vorschläge unterbreiten. Das ganze Projekt geschah aber meines Erachtens eher in der Absicht, Zeit zu gewinnen und in der Erwartung, dass die beteiligten Bürgerinnen und Bürger nicht den Mut haben würden, unpopuläre Maßnahmen zu fordern. Tatsächlich wurde hinterher bekannt, dass die Beratungsprozesse quälend verliefen. Es stellte sich heraus, dass der deutsche Pro-Kopf-Ausstoß an CO_2 von zwölf auf zwei Tonnen pro Jahr verringert werden müsste. Wie sollte das gehen? Wie sollte das der Bevölkerung vermittelt werden? War das überhaupt zumutbar? Viele haderten mit ihrem Auftrag und fühlten sich von der Politik ausgenutzt, die selber zu feige war, der Bevölkerung reinen Wein einzuschenken.

Eduardo: „Und was kam nun dabei heraus?"

Am Tag der Veröffentlichung der Ergebnisse kam der Paukenschlag: Alle *Planungszellen* forderten tatsächlich unabhängig voneinander eine Verringerung des jährlichen CO_2-Pro-Kopf-Ausstoßes auf zwei Tonnen. Unterschiedliche Vorschläge wurden unterbreitet und uns dabei deutlich gemacht, dass es nicht hauptsächlich um technische Fragen gehe, sondern dass wir unseren Lebensstil insgesamt in den Blick nehmen und ändern müssten. Produktion und Konsum, Freizeit- und Verkehrsverhalten, nichts wurde ausgespart. Die Empörung ließ nicht lange auf sich warten. Industrie und der große Bauernverband wetterten, Horrorszenarien wurden an die Wand gemalt. Große Teile der Bevölkerung hatten aber ein Einsehen. Sie hatten die Zeichen an der Wand gesehen und waren nun bereit, ihren Lebensstil zu überdenken und zu ändern.

Tatsächlich wurden viele Vorschläge aus den *Planungszellen* umgesetzt. Ich will nur ein paar Beispiele nennen: Nachdem es international nicht gelungen war, den Markt mit CO_2-Zertifikaten effektiv zu gestalten, wurde eine *CO_2-Abgabe* eingeführt. Im ersten Jahr wurden 400 Milliarden Euro umgewälzt, das heißt auf den Ausstoß von Klimagasen erhoben, dann aber komplett über die schon erwähnte *CO_2-Pro-Kopf-Rückgabe* an die Bevölkerung zurückgegeben. Erzeugung und Beförderung von Gütern, motorisierte Mobilität insgesamt, Internet, andere Digitalprodukte und vieles mehr wurden deutlich teurer, je nach ihrer Klimaschädlichkeit. Zum Beispiel stiegen die Preise für Kerosin und Benzin sprunghaft, einfach um die ökologischen Folgekosten mitzuzahlen. Das Verkehrsverhalten veränderte sich stark. Die Fliegerei nahm nämlich jetzt ab, Pkw-Fahrten ebenfalls. Letzteres machte Busse und Bahnen konkurrenzfähiger und beschleunigte Anstrengungen, die Städte grüner, ruhiger und menschlicher zu gestalten. Dieses Anliegen bekam zudem Rückenwind durch die strengen Entsiegelungsvorschriften, die eingeführt wurden.

Die Auswirkungen auf die Landwirtschaft und die Ernährungsgewohnheiten waren ebenfalls enorm. Durch den Preisanstieg beim Kunstdünger sowie durch neue Vorschriften zur Ernährungssouveränität, zum Humusaufbau, gegen Bodenverdichtung, zum Erosionsschutz, zur Artenvielfalt und zur Begrenzung von Futtermittelanbau gerieten besonders agrarindustrielle Betriebe in Schwierigkeiten. Viele Betriebe stellten nun auf Biolandbau, Baumfeldwirtschaft[51], Waldgärten[52] und Permakultur um. Die Qualität der erzeugten Lebensmittel nahm zu, die Preise stiegen, die Bevölkerung machte weitgehend mit. Denn die *Klimarückgabe* bescherte den Menschen neue finanzielle Mittel.

Mejrem: „Kannst du das Prinzip der *Klimaabgabe* und der *Rückgabe* noch einmal erläutern?"

Bei der Erzeugung und bei der Beförderung von Gütern entstehen Klimagase, die mit einer *CO_2-Abgabe* belegt werden. Im Falle von Einfuhren sind Zölle dafür zuständig. Alle Waren werden dadurch teurer, je nach ihrer Klimaschädlichkeit. Durch diese Abgabe hat der Staat im ersten Jahr, - also als wir alle uns noch sehr klimaschädlich verhalten haben – 400 Milliarden Euro eingenommen. Das Geld hat er aber nicht behalten, sondern an die Bürger zurückgegeben. Das heißt *Klimarückgabe*. Pro Person wurden 5000 Euro zurückgezahlt. Da staunten besonders Geringverdiener über einen ungeahnten Wohlstand, zumal wenn sie auf Flugreisen oder diversen Schnickschnack verzichtet hatten. Diese *Klimaab-* und *-rückgabe* war also wider Erwarten eine Wohltat für die normale Bevölkerung. Übrigens wurde die Ursachenforschung zum Klimawandel nochmal intensiviert. Ich bin gespannt, ob neue Erkenntnisse dabei herauskommen.

Mejrem: „Es gibt doch bestimmt Produkte, die nun so viel teurer werden, dass sie kaum noch gekauft werden."

Ja, das ist so. Das muss man an sich auch nicht bedauern. Zum Beispiel ist es gut, besonders fürs Klima und die vom Klimawandel besonders Betroffenen, dass viel weniger geflogen wird. Die Klimaabgabe hat aber zu schweren Verwerfungen geführt. Die Regierung hat zwar versucht, die deutschen Betriebe zu schützen, indem sie auf EU-weite Regelungen gedrungen hat. Das hat aber nicht funktioniert. Was nun? EU-interne Zölle waren und sind unzulässig. Und die Bereitschaft, auswärtige Produkte mit Zöllen zu belegen, war in der EU gering. Das führte erwartungsgemäß dazu, dass deutsche Produzenten Schwierigkeiten mit ihrer Konkurrenzfähigkeit bekamen und ins Schleudern gerieten. Zwar achteten die Menschen jetzt verstärkt auf einheimische Erzeugnisse, trotzdem gingen viele Betriebe pleite. Menschen wurden arbeitslos. Der Unmut über die Globalisierung und die EU nahm nun logischerweise zu. Ich werde noch darauf zurückkommen.

Mejrem: „Wie hat sich denn das Käufer- und Verbraucherverhalten insgesamt geändert?"

Das Konsumverhalten veränderte sich stark, das heißt, es verbesserte sich. Klimaschutzbelange wurden nun stärker beachtet. Durch die jeweiligen Preissteigerungen war ja viel ersichtlicher, was besonders klimaschädlich war und was nicht. Der Fleischkonsum nahm zum Beispiel deutlich ab. Der ökologische Fußabdruck, das heißt hier der Ausstoß von Klimagasen wurde immer kleiner. Dadurch wurden aber auch automatisch die finanziellen Umwälzungen von Jahr zu Jahr geringer. Das bedeutete, dass der Staat weniger Geld einnahm und dann auch entsprechend weniger an die Bevölkerung zurückgab. Das erfreute zwar die kleinen Leute nicht unbedingt, die bereits erwähnte Schrumpfungsbewegung kam aber aus dem Feiern nicht mehr raus. Natürlich bezog sich das Feiern nicht auf die neuen Arbeitslosen. Hier wurden besonders wieder eine Umverteilung der Arbeit sowie Einfuhrzölle gefordert. Ich hatte schon berichtet, dass die Arbeitslosigkeit durch die neue Rechtsordnung und die Initiative von Menschen weitgehend verschwunden ist. Ich muss dieses Thema deshalb hier nicht weiter ausführen.

Ihr könnt euch vorstellen, dass im Zusammenhang mit dem Klimawandel und der Preisentwicklung immer häufiger die Frage gestellt wurde: Was brauchen wir wirklich? Was tut uns gut? Wie können wir gutes Leben gestalten, ohne andere zu schädigen? Über Fragen des Lebensstils wurde viel häufiger gesprochen.

2. Verbundenheit statt Entfremdung

Aus der Schrumpfungsbewegung kamen viele gute Impulse. Artikel der regelmäßigen Zeitschrift *Hans im Glück* fanden viel Beachtung. Ich habe zwei Beiträge mitgebracht, die heftige Debatten auslösten. Zuerst erschien ein Interview mit Angelika Lehmbau. Diese kritisierte vehement den Begriff Wissensgesellschaft. Sie betonte das Phänomen der Entfremdung in der Gesellschaft, zeigte die Vergeblichkeit der verbreiteten Konsumeinstellung und plädierte für eine Kultur des Selberkönnens und Selbermachens. Diese würde der Sehnsucht nach Sinnstiftung und Verbundenheit gerecht und entspräche somit einem menschlichen Maß. Lehmbau sprach auch bereits den Gedanken einer individuellen oder gemeinschaftlichen Selbstversorgung an, ebenfalls die Gemeingüteridee und die Problematik der alten Bodenordnung. Wer sich das Interview in den mitgebrachten Ausgaben[53] anschaut, wird feststellen, dass vieles von dem, was wir in Günsdorf erlebt haben und was ich in ganz Deutschland angetroffen habe, in diesem Gespräch schon vorweggenommen wurde.

Allerdings musste noch weitaus mehr an Bewusstseinsänderung in Gang kommen, mussten noch wichtige Aspekte des

Rechtssystems geändert werden. Ihr wisst: Die Politik bekam die Krisen einfach nicht in den Griff, auch in Deutschland. Es wurden nun Dinge viel grundsätzlicher hinterfragt als früher. Dabei ging es auch ans Eingemachte. Auch hier war die Schrumpfungsbewegung Taktgeber. Wieder war es das Magazin *Hans im Glück*, das diesmal eine viel beachtete Podiumsdiskussion zum Thema *Endstation Mutlosigkeit?* durchführte. Moderator Klaus Olsen hatte drei prominente Diskutanten zu Gast, nämlich Bischof Ansgar Zobel aus Limburg, die Soziologin Rebekka Borchert aus Freiburg und die Schriftstellerin Simone Hanstorf aus Potsdam. Das Video von der Diskussion kann im Archiv des Online-Magazins unter Ausgabe 17 angeschaut, das Protokoll in der bereitliegenden Sonderausgabe nachgelesen werden[54]. Die Podiumsdiskussion war zwar nicht besonders kontrovers, dafür aber die Resonanz. Man konnte den Eindruck gewinnen, dass die Gesellschaft aus einem Schlaf erwache.

3. Ex Oriente Lux: Wir sind das Volk!

Die Podiumsdiskussion hat besonders in Ostdeutschland Wellen geschlagen. Viele Menschen dort meinten, ihnen sei aus dem Herzen gesprochen worden. Es scheint so zu sein, dass es im Osten viele Alt-Linke gibt, die besonders unter der früheren DDR gelitten haben, die noch eine Glut für einen basisdemokratischen, föderalen Sozialismus in sich tragen, der sich von unten aufbaut, von selbstverwalteten Betrieben und Basisgemeinschaften. Im Zuge der Wiedervereinigung hätten sie gerne einen freiheitlichen Sozialismus in einer neuen Verfassung ermöglicht. Daraus wurde aber bekanntlich nichts.

Auch scheint es so zu sein, dass es gerade im Osten ein großes Misstrauen gegen Staat im Allgemeinen gibt. Auf die Nazi-Diktatur folgte die DDR-Diktatur. Aber die konnte mit friedlichen Mitteln überwunden werden und das gab Selbstbewusstsein, auch nochmals ungerechte oder so empfundene Verhältnisse überwinden zu können. Umso ärgerlicher wurden die Beleh-rungen aus dem Westen empfunden. Es war schon schlimm und demütigend gewesen, im Zuge der Wende abgewickelt und aufgekauft worden zu sein. Nun wurde die EU als bevormundend empfunden. Nicht nur die Regelungen aus Brüssel, sondern auch die immer wieder angestrebten Freihandelsabkommen, die Angst aufkommen ließen, wieder schutzlos ausgeliefert zu sein. Als sich die EU-Partner nicht auf die Klimaabgabe verständigen konnten, richtete sich der Unmut nicht hauptsächlich gegen die Abgabe, sondern gegen die EU, die unbedingt den Binnenmarkt und den Freihandel mit seinen Dumping-Bedingungen verteidigte. Dabei hatte es durchaus viel Unterstützung aus Brüssel und auch von anderen Partnern gegeben.

Neben dem Klimaschutz gab es noch andere Politikfelder, auf die man sich in der EU hätte einigen müssen und die noch viel schwieriger waren. Ich spreche zum Beispiel von der Eigentumsfrage. Die Deutschland-weiten Massenproteste gegen Wohnungsnot und Bodenspekulation stellten auf einmal ein Heiligtum in Frage. Denn wer konnte leugnen, dass die Bodenspekulation, genauso wie andere Arten von Spekulation, völlig unverdientes Einkommen schuf und andere unverschuldet in Not stürzte. Der soziale Unfrieden war so groß, dass sogar politische Parteien zaghaft begannen, sich mit der Eigentumsfrage zu befassen. Sondierungen innerhalb der EU bissen aber auf Granit.

Da erschallte aus dem Osten der Ruf „Wir sind das Volk!" immer lauter, bis er auf den Westen übergriff, zuerst auf die großen und teuren Städte, dann auf das ganze Land. Mehr und mehr rückte die Forderung nach einer Grundgesetzänderung in den Mittelpunkt, dann die Forderung nach einer neuen Verfassung. Wir wollten uns nicht mehr abspeisen lassen. Eine landesweite Bürgerbewegung begann, eine neue Verfassung auszuarbeiten. Viele Artikel des Grundgesetzes wurden einfach übernommen. Direktdemokratische Elemente waren fast selbstverständlich.

Aber bei der besagten Grund-und-Boden-Frage war das schwieriger. Sehr viele wollten alles beim Alten belassen. Dann gab es eine große Fraktion, die Grund und Boden in staatliche Hand geben wollte. Das führte aber zum erbitterten Widerstand freiheitlich gesinnter Menschen, die dem Staat diese Macht auf keinen Fall geben wollten.

Es entstand nun ein vorher undenkbares Bündnis aus Alt-Linken, Ökologen und Liberalen, die den Gedanken selbstverwalteter Gemeingüter als wichtiger Lebensgrundlage, darunter Grund und Boden, aufgenommen haben wollten. Überhaupt sollten staatliche Stellen einen Nachrang nach gesellschaftlichen Einrichtungen erhalten. Hier wollten offenbar viele Ostdeutsche alte Rechnungen begleichen. Die Frage nach der Obhut der Gemeingüter blieb lange in der Schwebe.

Aus Schleswig-Holstein kam nun zu diesem Aspekt ein interessanter Impuls. Es gab dort nämlich kleine Gemeinden von 250 bis 400 Einwohnern, die auf der Basis ihrer Landesverfassung und gedeckt durch einen unbekannten Passus des Grundgesetzes[55] Erfahrungen mit Basisdemokratie gemacht hatten. Gemeindeversammlungen hatten hier die Gemeinderäte zeitweilig ersetzt. Es entspann sich daraus eine fruchtbare Diskussion über eine Restrukturierung von Gebietskörperschaften. Viele Eingemeindungen sollten rückgängig gemacht, große Kreise neu aufgeteilt werden. Auch die Bundesländer sollten neu aufgeteilt, sprich verkleinert werden. Die Obhut über die Gemeingüter sollte aber nicht den Gebietskörperschaften übertragen werden, sondern kleinen Basisgemeinschaften unterhalb der Kommunalebene.[56]

Hélène: „Hat sich das bewährt?"

Ich finde, das hat sich sehr bewährt. Dass das nicht einfach ist, ist auch klar. Ich habe von den Schwierigkeiten bei der Bodenaufteilung gesprochen. Es hat auch schon Beispiele von Bestechung in Basisgemeinschaften gegeben, womit sich dann sowohl die

Allmendegerichte als auch die Strafgerichte befassen mussten.

Wo es keine Basisgemeinschaften gibt, übernehmen die Kommunen und Gemeindeparlamente die Aufgaben. Insgesamt ist jedenfalls offensichtlich, dass die Gemeingüter heute viel besser geschützt werden als früher. Das liegt einerseits an viel strengeren und wirksameren Gesetzen, aber auch an der Verantwortlichkeit der Menschen in den Städten und Dörfern.

Zurück zur Eigentumsfrage. Die wurde auch unabhängig von Gemeingütern gestellt. Hierbei war die besagte Podiumsdiskussion maßgebend. Der Vorstoß von Simone Hanstorf wurde aufgegriffen und der juristische Begriff des Eigentums mit dem existenziellen Begriff in Einklang gebracht.[57]

Mehmet: „Warum habt ihr euer Geldsystem geändert?"

Der erneute Bankencrash führte zu erheblichen Vermögensschäden. Uns wurde klar, dass unser Geld gar nicht von realen Werten gedeckt war. Das beflügelte die Debatte um ein neues Geldsystem. Das fand dann seinen Niederschlag im Verfassungsentwurf.[58]

Umfragen ließen aber Zweifel aufkommen, ob dieser Verfassungsentwurf mehrheitsfähig sein könnte. Sogenannte Deutsch-Kulturelle, die entweder eine Entfremdung durch Überfremdung empfanden oder sich als Deutsche gegenüber Migranten benachteiligt glaubten, signalisierten im weiteren Verlauf nur dann Einverständnis, wenn neben der ausdrücklichen Weltoffenheit und Offenheit migrantischen Einflüssen gegenüber auch die deutsch-kulturelle Komponente prominent in der Verfassung verankert werden würde. Hier wurde es notwendig, dass Menschen miteinander sprachen, die das sonst vermieden. Auf diese Weise kam ein Verfassungsartikel zum Thema ‚*Heimat und Heimatschutz*'[59] zustande, der allgemein zufriedenstellte und zu einer erstaunlichen Befriedung unterschiedlicher Milieus führte. Das Ergebnis ist bekannt: Der Verfassungsentscheid wurde abgehalten und bekam eine deutliche Mehrheit. Bundesgesetze wurden angepasst, die Bundesländer neu aufgeteilt. Wir gehören jetzt zum Bundesland Westfalen.

Ich habe jetzt eine Entwicklung skizziert, die zum Verfassungsentscheid führte, und dabei kausale Zusammenhänge angedeutet. In Wirklichkeit sind aber alle Erklärungsversuche sehr fragwürdig.

Wie ging es dann weiter? Die EU-Frage drängte nun automatisch in den Mittelpunkt. Deutschland wurde wegen der nicht EU-konformen Verfassung verklagt. Dabei gab es in vielen europäischen Ländern eine riesige Welle der Sympathie für Deutschland und seinen Mut. Wenn schon die konservativen Deutschen quasi revolutionäre Veränderungen zustande bringen, dann können wir das auch, dachten wohl viele.

Luigi: „Genau so waren bei uns die Reaktionen. Irgendwer brachte dann die Fusionsdiskussion ins Rollen."

Ja. Bewegungen in vielen europäischen Staaten sprachen sich für eine föderale Fusion mit Deutschland außerhalb der EU aus, für *„Vereinigte Staaten in Europa"*[60]. Das traf durchaus auf Sympathie in Deutschland, zumal die EU-Strukturen selbst von vielen EU-Freunden als undurchschaubar, undemokratisch und unreparierbar angesehen wurden. An der Idee finde ich besonders interessant, dass überschaubare Bundesländer wie unser jetziges Westfalen die hauptstaatliche Ebene darstellen sollen, also zum Beispiel Schottland, Thrakien, Flandern oder die Bretagne, und dass die nationale Ebene abgeschafft werden soll.

Wie ihr wisst, ist das Fusions-Thema bei uns noch sehr virulent. Da so etwas aber nicht so schnell zustande kommt, blieb uns erst einmal nichts anderes übrig, als die EU zu verlassen.

Das war ein schwerer Schritt, besonders für die vielen EU-Begeisterten in Deutschland - obwohl der Verfassungskonflikt diese Entwicklung ja schon impliziert hatte.

Die neue Eigenständigkeit ermöglichte nun, Gütereinfuhren von sozial-ökologischen Standards abhängig zu machen und zum Beispiel Klimakosten von Einfuhren durch Zölle einzupreisen. Daraufhin gab es in Deutschland eine Welle von Firmen-Neugründungen, die bis heute anhält. Wie ich schon mehrfach sagte, machen nun viele – unterstützt durch das Grundeinkommen – *ihr Ding*. Arbeitslosigkeit ist nur noch ein Randproblem.

Einerseits stehen wir jetzt alleine da. Aber wir fühlen uns nicht allein. Viele Europäer und auch viele Völker des globalen Südens wollen uns nacheifern. Das macht uns Mut angesichts der noch ungelösten Probleme, die ich euch ja nicht verheimlicht habe. Aber das Ziel, das Erbe der Menschheit zu bewahren und weiterzuentwickeln, eine gerechte Welt aufzubauen und angesichts der Reichtümer unseres Planeten ein gutes Lebens für alle zu ermöglichen – diese geschwisterliche und solidarische Vision hat weltweit schon so viel Kraft freigesetzt und Kreise gezogen, dass ich keinen Zweifel habe, dass wir mit Gottes Segen Erfolg haben werden.

ANHANG:

A. RECHT UND GESETZ

1. Aus einer künftigen Verfassung Deutschlands (Fortsetzung von Seite 9)

Art. 1: Die menschliche Würde und ihr Schutz
(1) Die Würde des Menschen ist unantastbar. Das gilt für jeden Menschen, auch für das ungeborene Leben und für Sterbende wie zum Beispiel Hirntote. Diese Würde im absoluten Sinn kann nicht geschmälert werden.
(2) Der Mensch hat auch eine Würde im relativen Sinn, die sehr wohl beschädigt werden kann – sowohl von sich selbst als auch von anderen. Dies zu verhindern, obliegt jedem einzelnen Menschen und ist eine vordringliche Aufgabe der Gesellschaft insgesamt und des Staates.
(3) Gesichtspunkte der menschlichen Würde sind einerseits persönliche Freiheiten und bürgerliche, politische und soziale Rechte und andererseits gesellschaftliche Pflichten sowie Verantwortung für sich selbst, seine Angehörigen, seine Nachbarn, seine Mitmenschen allgemein, für seine Lebensgrundlagen und Mit-Geschöpfe, für Gerechtigkeit und Frieden und für die kommenden Generationen.
(4) Näheres regeln diese Verfassung oder untergeordnete Gesetze aufgrund dieser Verfassung.

Art. 2: Heimat und Heimatschutz
(1) Unsere Landschaften in ihrer Vielfalt und Schönheit, die natürlichen Grundlagen unseres Lebens

wie die Atmosphäre, das Wasser beziehungsweise die Gewässer, der Boden und seine natürliche Fruchtbarkeit, die Bodenschätze, die heimische Pflanzen- und Tierwelt in ihrer Vielfalt sind wesentliche Gesichtspunkte unserer Heimat und unseres Heimatgefühles.

(2) Wichtige Gesichtspunkte unsers Heimatverständnisses sind zudem das deutsch-kulturelle Leben, unsere Weltoffenheit und Gastfreundschaft sowie das kulturelle Leben der Einwandernden.

(3) Dieses unser natürliches und kulturelles Erbe - unsere Heimat - zu schützen und zu bewahren und in guter Verfassung an kommende Generationen weiterzugeben, ist ein Gebot an jede und jeden Einzelnen und eine vordringliche Aufgabe der Gesellschaft insgesamt sowie des Staates.

(4) Den interkulturellen und interreligiösen Austausch zu fördern, ist ebenfalls eine wichtige Aufgabe von Gesellschaft und Staat.

(5) Näheres regeln diese Verfassung oder untergeordnete Gesetze aufgrund dieser Verfassung.

Art. 3: Gemeingüter

(1) Unser Leben basiert zu einem großen Teil auf Gemeingütern. Gemeingüter gehören niemandem. Sie können weder verkauft oder gekauft, noch vererbt oder geerbt werden, weder vermietet oder gemietet, noch verpachtet oder gepachtet werden. Zu unterscheiden sind zunächst natürliche und nichtnatürliche Gemeingüter.

(2) Natürliche Gemeingüter sind:
- die Atmosphäre

- der Grund und Boden
- das Grundwasser und die Oberflächengewässer
- die Rohstoffe und Primärenergieträger
- die Wälder und Forste, Wiesen und Weiden sowie Moore
- das Erbgut aller früheren, heutigen und zukünftigen Lebewesen und Viren
- der Raum, in dem sich elektromagnetische Wellen ausbreiten.

(3) Geld ist ein nicht-natürliches Gemeingut, das vom Gesellschaftsrat herausgegeben wird, um einen anonymen Ringtausch zu erleichtern. Die Geldmenge orientiert sich am Wert der Gesamtheit aller Güter und Dienstleistungen, die gegen Entgelt erstellt beziehungsweise erbracht wurden und werden, abzüglich eines geschätzten Verschleißes.

(4) Menschliche Gaben, die im Sinne eines Geschenkes auf koordinierte Weise anderen Menschen oder dem Gemeinwohl dienen, werden als kulturelles Gemeingut betrachtet.

Art. 4: Die deutsche Nationalwährung

(1) Die deutsche Nationalwährung lautet „der Jubel"[61] und ist 49 Jahre gültig.

(2) Nach 49 Jahren wird von der Bundespräsidentin bzw. vom Bundespräsidenten ein Jubeljahr ausgerufen, in dem die Währung und alle entsprechenden Schuldscheine ungültig werden.

(3) Bei Einführung des Jubels sind alle inländischen Schulden nichtig, die mindestens 42 Monate alt sind.

Art. 5 bis Art. 16
befassen sich mit individuellen Freiheiten und Grundrechten.

Art. 17: Das Verhältnis von Gesellschaft und Staat
(1) Die Sorge für ihre Kinder – Versorgung, Schutz, Pflege, Entwicklungshilfe und Bildung - ist zuerst Recht und Pflicht der Eltern. Ergänzt und unterstützt werden sie dabei möglichst von Familie, Freunden, Nachbarschaft, Basisgemeinschaft (Allmende-Gemeinschaft) und anderen ehrenamtlichen, gesellschaftlichen Einrichtungen. Darauf aufbauend haben staatliche Einrichtungen wie Schulen und Beratungsstellen eine ergänzende und unterstützende Funktion.
(2) Natürliche Gemeingüter liegen zunächst in der Obhut der Allmende-Gemeinschaften und -Netzwerke. Die Kommunal- und Landesverwaltungen und andere fachliche Einrichtungen beraten und unterstützen diese.
Auf Antrag der Allmende-Gemeinschaften oder -Netzwerke oder - im Falle von Pflichtverletzung - auf gerichtliche Anordnung hin geht die Obhut ganz oder teilweise auf die Kommunalgemeinde oder das Land oder den Bund über.
(3) Das demokratische System baut auf der gesellschaftlichen Selbstverwaltung auf. Im Einklang mit dieser Verfassung und den Rahmengesetzen entscheidungsbefugt sind zunächst die Allmende-Gemeinschaften und -Netzwerke. Auf deren Antrag oder – im Falle von Pflichtverletzung – auf gerichtliche Anordnung hin sind die repräsentativ-

demokratischen Parlamente zuständig, also die Kommunalparlamente sowie die Landtage und der Bundestag.

Zu einzelnen Fragestellungen der Verfassung, der Bundes- oder Landesgesetzgebung oder der Kommunalsatzungen können direktdemokratische Volksentscheide durchgeführt werden.

(4) Der Gesellschaftrat, der aus 17 Personen ausgeloster Basisgemeinschaften besteht, entscheidet

a. über die Herausgabe neuen und die Vernichtung alten Geldes nach Maßgabe des Art. 3 Abs. 3 der Verfassung,

b. über die Vergabe von Geldern für Gemeinwohlverträgliche Investitionen sowie

c. über die Restrukturierung von Aktiengesellschaften, Konzernen und anderen Großbetrieben.

Für jeweils zwei Jahre werden die Basisgemeinschaften ausgelost, die ein Mitglied in den Gesellschaftsrat entsenden dürfen. Der Gesellschaftsrat wird vom Bundesfinanzministerium beraten und unterstützt.

(5) Näheres regeln diese Verfassung sowie Bundesgesetze aufgrund dieser Verfassung.

Art. 18: Allmenden – der Umgang mit Gemeingütern

(1) Die natürlichen Gemeingüter liegen in der Obhut örtlicher, selbstorganisierter und -verwalteter Basisgemeinschaften unterhalb der Kommunalebene, den sogenannten Allmende-Gemeinschaften. Natürliche Gemeingüter, die innerhalb einer Allmende genutzt werden, werden zu Allmende-

gütern.
(2) Auch kulturelle Gemeingüter, sozial-ökologische oder baulich-kulturelle Dienste, die innerhalb einer Allmende ohne Entgelt koordiniert und erbracht werden, können zu Allmendegütern werden.
(3) Drei Elemente machen eine Allmende aus:
a. das Allmendegut bzw. die Allmendegüter,
b. die Allmende-Gemeinschaft und
c. die Allmende-Ordnung.
(4) Zur Erfüllung ihrer Aufgaben gibt sich die Allmende-Gemeinschaft eine Allmende-Ordnung. In dieser sind Rechte und Freiheiten, Pflichten und Verantwortungen rund um das Allmendegut bzw. die Allmendegüter zu regeln.
(5) Zur Regelung Ortsgrenz-überschreitender Belange schließen sich mehrere Allmende-Gemeinschaften zu Allmende-Netzwerken zusammen.
(6) Solange und soweit örtliche Basisgemeinschaften oder -netzwerke mit der Betreuung der natürlichen Gemeingüter überfordert sind, können sie ihre Aufgaben an die Kommune abtreten. Der Kommune können solche Aufgaben auch vom Gericht übertragen werden, wenn festgestellt wurde, dass die Basisgemeinschaften ihre Aufgaben nicht korrekt wahrnehmen.
(7) Näheres regelt ein Bundesgesetz.

Art. 18 a: Natürliche Gemeingüter
(1) Natürliche Gemeingüter müssen pfleglich behandelt werden. Ihre Nutzung muss maßvoll sein.
(2) Natürliche Gemeingüter dürfen im Rahmen einer oder mehrerer Allmenden zum Zwecke der Selbst-

versorgung (Subsistenz) genutzt werden. Jedem Menschen, der sich in gewissem Umfang individuell oder gemeinschaftlich selbst versorgen will, kommt ein gewisser Umfang an natürlichen Allmendegütern zu.

(3) Unter Auflagen und unter Vorbehalt können die natürlichen Gemeingüter auch von Außenstehenden für andere wirtschaftliche Zwecke auf nachhaltige Weise genutzt werden. Darüber entscheiden die Allmende-Gemeinschaften bzw. bei größeren Vorhaben die Allmende-Netzwerke.

(4) Dabei kommt der Subsistenzwirtschaft ein Vorrang zu.

Art. 18 b: Kulturelle Allmendegüter, die Gaben-Allmenden

(1) Der Mensch ist und bleibt ein soziales Wesen. Er ist von Geburt an auf Hilfe und Geselligkeit angewiesen. Gegenseitige Hilfen sind neben den natürlichen Gemeingütern eine weitere Grundlage menschlichen Lebens.

(2) Jeder Mensch hat seine ganz spezifischen Gaben und Begabungen. Dass diese entfaltet werden können, tragen vor allem die Eltern und Familien, aber auch die Gesellschaft insgesamt Sorge. Gaben und Begabungen dienen dem eigenen Wohl. Sie verpflichten aber auch zum Einsatz für die Gemeinschaft.

(3) Wo Gaben im Sinne eines Geschenkes auf koordinierte Weise anderen Menschen oder dem Gemeinwohl dienen, werden sie zum Gemeingut, zum Allmendegut. In der Gaben-Allmende werden

nun Hilfen und Dienste im Rahmen der Allmende-Gemeinschaft koordiniert und vermittelt. Eine Beteiligung an der Gaben-Allmende beruht auf Freiwilligkeit.
(4) Näheres regelt ein Bundesgesetz.
(5) Folgende Hilfen und Dienste können zum Allmendegut werden (Beispielliste):
- Wissensvermittlung (Wissensallmende)
- Vermittlung von Kulturtechniken an Kinder und Jugendliche
- praktische Nachbarschaftshilfen
- psycho-soziale oder seelsorgerische Hilfen und Dienste
- Schutz und Pflege von Natur und Umwelt
- Heimatschutz und -pflege
- Kulturarbeit
- sonstige, gemeinschaftliche Arbeiten zum Nutzen des Gemeinwohls

Art. 18 c: Wohlstands-Allmende [62]
(1) Der Wohlstand des einzelnen Menschen gründet nur zu einem geringen Teil auf seiner eigenen Leistung. Der Wohlstand einer Gesellschaft gründet nur zu einem geringen Teil auf eigener gesellschaftlicher Leistung. Individueller und gesellschaftlicher Wohlstand gründen zum großen Teil auf Gütern, die uns geschenkt oder überliefert wurden oder werden: die natürlichen Lebensgrundlagen, Liebe, Zuwendung, Wissen und Erfahrungen, Hilfen und Dienste, die persönlichen Gaben und Begabungen. Dieses Erbe der Menschheit, das seit vorgeschichtlicher Zeit auf uns gekommen ist und weiter kommt,

ist ein Gemeingut, an dessen Teilhabe alle Menschen weltweit gleichermaßen Anspruch haben, sofern und soweit sie bereit sind, das Erbe uneigennützig zu pflegen und weiterzuentwickeln und sich in den Dienst der Gemeinschaft zu stellen.

(2) Die Wohlstands-Allmende wird gemeinsam von Allmende-Gemeinschaften und -Netzwerken einerseits sowie von staatlichen Stellen andererseits koordiniert. Dabei sind die Allmende-Gemeinschaften und -Netzwerke zuständig für die Organisation, Koordination, Überwachung und Bewertung der zu leistenden, im Folgenden genannten Allmende-Dienste[63] sowie für Sanktionen im Falle von erheblichem Fehlverhalten.

Die staatlichen Stellen unterstützen die Allmende-Gemeinschaften und -Netzwerke auf Antrag derselben bzw. auf gerichtliche Anordnung hin und sind im Übrigen zuständig für die Zahlung des Grundeinkommens an Berechtigte sowie für die Leistungen der sozialen Sicherungssysteme und ihre Finanzierung.

(3) Im Rahmen der Wohlstands-Allmende hat jeder Staatsbürger Deutschlands, der gewisse periodische Allmende-Dienste erbringt, für sich und seine minderjährigen Kinder Anspruch auf ein Grundeinkommen im Sinne einer lebenslangen monatlichen Rente. Dieses Grundeinkommen darf der Höhe nach nicht auskömmlich sein.

(4) Nach der Schulzeit sind zunächst zwölf Monate Grund- Allmende-Dienst entweder in der Allmende des Wohnortes oder als Wehrdienst innerhalb der Bundeswehr oder der Bundespolizei zu erbringen.

Migranten, die in einem höheren Alter ihren Wohnsitz in Deutschland nehmen, müssen zu Beginn ebenfalls diesen Grund-Allmende-Dienst leisten.
(5) Zwischen dem 35. und dem 45. beziehungsweise zwischen dem 45. und dem 55. Lebensjahr sind für alle, die an der Wohlstands-Allmende teilhaben wollen, jeweils ebenfalls zwölf Monate Allmende-Dienst zu leisten sowie zwischen dem 55. und dem 65. Lebensjahr weitere sechs Monate. Diese periodischen Dienste können in der örtlichen Allmende, in einer überörtlichen oder überregionalen Allmende (Allmende-Netzwerke), in der Bundeswehr oder Bundespolizei erfolgen. Ausnahmsweise ist auch internationaler Allmende-Dienst im Ausland möglich, allerdings nur in dortigen örtlichen Allmenden.
(6) Beim Grund-Allmende-Dienst und den sonstigen periodischen Allmende-Diensten sollen Gaben und Interessen der Dienstleistenden berücksichtigt werden.
(7) Bei der Leistung, Überwachung und Bewertung des Grund-Allmende-Dienstes sowie der sonstigen periodischen Allmende-Dienste sollen Großzügigkeit und Vertrauen walten.
(8) Der Grund-Allmende-Dienst ist Pflicht für alle Staatsbürgerinnen und -bürger sowie erwachsenen Einwohner Deutschlands. Darüber hinaus beruht eine Beteiligung an der Wohlstands-Allmende auf Freiwilligkeit. Wer seine Gaben nicht im Rahmen der periodischen Allmende-Dienste einbringen möchte, verzichtet damit auf das monatliche Grundeinkommen und eine gute soziale Sicherung im Sinne des Art. 18 d Abs. 3.

(9) Näheres zur Wohlstands-Allmende regeln Bundesgesetze.

Art. 18 d: Die Soziale Sicherung im Rahmen der Wohlstands-Allmende
(1) Die Wohlstands-Allmende umfasst auch die Elemente der sozialen Sicherung, die auf vier Säulen basiert:
a. der gesetzlichen Gesundheitsversorgung für Kranke und Pflegebedürftige,
b. dem knapp auskömmlichen Erziehungs- und Pflegegehalt
c. der gesetzlichen Rente im Alter und bei Erwerbsminderung sowie
d. den gesetzlichen Hilfen für Erwerbslose.
(2) Ein Leistungsanspruch auf die jeweiligen Grundleistungen der drei Säulen a, c und d besteht qua Geburt und erfordert keine besonderen Leistungen für die Gesellschaft oder Einzahlungen.[64]
(3) Betroffene können auch jeweils höhere Leistungen bis zu bestimmten gesetzlichen Obergrenzen beziehen („Gute Gesundheitsversorgung", „Gute Rente" beziehungsweise „Gutes Erwerbslosengeld"), falls sie sich aktiv im Sinne des Art. 18 c Abs. 5 in die Wohlstands-Allmende einbringen und soweit bestimmte Lebenszeiten ohne Bezug von Erwerbslosengeld überschritten wurden. [65]
(4) Alternativ können Betroffene nach Erreichung der besagten Lebenszeit auch die Erhöhung des monatlichen Grundeinkommens wählen.
(5) Die Finanzierung der sozialen Sicherung erfolgt ausschließlich aus Steuern auf Gewinne und / oder

Umsätze von Betrieben[66]
(6) Näheres zur sozialen Sicherung regeln Bundesgesetze.

Art. 19 Eigentum und Besitz
(1) Eigentum ist die höchstpersönliche Beziehung eines Menschen zu einem materiellen oder immateriellen Gut[67] beziehungsweise ein solches Gut, zu dem ein Mensch eine höchstpersönliche Beziehung hat. Das gilt insbesondere für Güter, die jemand durch eigene Arbeit erzeugt hat. Naturgemäß ist persönliches Eigentum sehr begrenzt.
Denn je größer der Besitz wird, umso schwächer wird die Beziehung zum einzelnen Gut.
(2) Handelsgüter können kein Eigentum sein. Ihr Besitz berechtigt aber zeitweilig zum Verkauf. Der Verkauf einer Ware ist ein Jahr nach Beginn ihrer Fertigstellung zulässig.
(3) Besitz, der kein Eigentum (mehr) ist, und dessen Verkaufsrecht abgelaufen ist, fällt in Treuhänderschaft der Allmende-Gemeinschaften oder Allmende-Netzwerke. Diese können den Besitz in der Hand des früheren Eigentümers belassen, ihn in gemeinnützige Hände übergeben oder ihn als Allmendegut in die Allmende eingliedern.
(4) Im Falle von betrieblichem Vermögen, das ebenfalls nur in überschaubarem Maße als Eigentum gelten kann, sollen die Allmende-Gemeinschaften oder -Netzwerke treuhänderischen Besitz auf Wunsch den Belegschaften insgesamt oder aufgeteilt als Eigentum übertragen, sonst möglichst interessierten Unternehmern.

Für die Auflösung und Aufteilung von Aktiengesellschaften, Konzernen und anderen Großbetrieben ist der Gesellschaftsrat nach Art. 17 der Verfassung zuständig.
(5) Der Umgang mit Eigentum und Besitz muss Gemeinwohl-verträglich erfolgen.
(6) Näheres zu Eigentum und Besitz regeln Bundesgesetze.

Art. 20 Wirtschaftliche Tätigkeit einschließlich Selbstversorgung
(1) Jegliche wirtschaftliche Tätigkeit soll in erster Linie menschlichen Bedürfnisse dienen und deshalb weitgehend auf Bestellung oder Auftrag erfolgen.
(2) Jegliches Wirtschaften muss auf schonende, nachhaltige und Gemeinwohl-verträgliche Weise erfolgen.
(3) Eine Widerstandsfähigkeit der Wirtschaft in Zeiten von Finanz-, Wirtschafts- Wetter- oder Klimakrisen soll entwickelt werden. Der Staat soll Lebensmittel- und Energievorräte für in- und ausländische Notzeiten anlegen.
(4) Selbstversorgung und solidarische Wirtschaftsformen haben Vorrang vor markt- oder staatswirtschaftlicher Tätigkeit. Das gilt vor allem für die Versorgung mit Lebensmitteln und Energie. Die Selbstversorgung soll möglichst schon auf regionaler und sogar lokaler Ebene erfolgen.
(5) Solidarische Wirtschaftsformen sind Erzeuger- / Verbraucher-Gemeinschaften und Diener- / Dienstnehmer-Gemeinschaften.
(6) Gemeinschaftliche Selbstversorgung mit mate-

riellen und immateriellen Gütern hat Vorrang vor individueller Selbstversorgung.

(8) Rohstoffe und Erzeugnisse aus dem Ausland dürfen nur eingeführt werden, wenn sie entlang der kompletten Produktions- und Nutzungskette hohen sozialen und ökologischen Standards entsprechen. Sofern die Klimafolgen des Transportes nicht eingepreist sind, werden solche Einfuhren mit Zöllen belegt.

(9) Unverdientes Einkommen aus wirtschaftlicher Tätigkeit ist unzulässig. Das gilt insbesondere auch für Finanzgeschäfte. Die Lage von Gebäuden darf bei Verkauf, Vermietung und Verpachtung nicht eingepreist werden.

(10) Betriebe sind Zuverdienst-Gemeinschaften. Wertsteigerungen gehören der ganzen Belegschaft. Im Falle von finanzieller Unterstützung seitens des Gesellschaftsrates bei Investitionen hält auch die Gesellschaft einen kleinen Anteil am Betriebsvermögen.

(11) Näheres zu wirtschaftlicher Tätigkeit und daraus zu erzielenden Gewinnen und Einkommen regeln Bundesgesetze.

Art. 21 Umgang mit der Atmosphäre
.....

Art. 22 Umgang mit Grund und Boden
(1) Grund und Boden sind der Menschheit anvertraut. Dieses Gut muss pfleglich behandelt werden. Vor allem dient der Grund und Boden Menschen und Mit-Geschöpfen als Lebensraum. Hier wachsen

Pflanzen und leben Tiere, die teilweise zur Ernährung dienen, hier können zum Beispiel Wohnhäuser und andere Gebäude errichtet, Rohstoffe gewonnen und Verkehrswege gebaut werden.
(2) Dabei ist die Versiegelung von Flächen auf das nötige Mindestmaß zu beschränken beziehungsweise zurückzuführen. Diesem Grundsatz sind Anforderungen des Wohnens, des Wirtschaftens und der Mobilität untergeordnet. Ihre Belange müssen aber berücksichtigt werden.
(3) Mobilitätskonzepte müssen einen möglichst geringen Flächenverbrauch (Versiegelung) sowie eine Verringerung des motorisierten Individualverkehrs zugunsten von gemeinschaftlichen Verkehren (z.B. Bus und Bahn) vorsehen. Zulässige Höchstgeschwindigkeiten sind als untergeordnete Größen diesen Grundsätzen anzupassen.
(4) Grund und Boden sind so zu nutzen, dass auch in Klima- bzw. Wetterkrisen und im Falle internationaler Finanz- oder Wirtschaftskrisen nationale Ernährungssicherheit gewährleistet ist. Einzelhaushalte bzw. örtliche oder regionale Gemeinschaften sollen dann möglichst in der Lage sein, sich weitgehend selbst zu ernähren.
(5) Die Erschließung und Ausbeutung von Rohstoffen sollen möglichst durch eine vollständige Kreislaufwirtschaft ersetzt werden.
(6) Näheres zum Umgang mit Grund und Boden regeln Bundesgesetze.

Art. 23 Umgang mit Grundwasser und Oberflächengewässern
……

2. Aus künftigen Bundesgesetzen

1. Bundesgesetz über die elterliche Sorgepflicht gem. Art. 1 Abs. 3 und Art. 17 Abs. 1 der Verfassung

(1) Die elterliche Sorge ist Pflicht der Eltern.
(2) Eltern erhalten in den ersten sechs Lebensjahren ihrer Kinder ein knapp auskömmliches Erziehungsgehalt, auf das Erwerbseinkommen teilweise angerechnet wird.
(3) Im ersten Lebensjahr eines Kindes dürfen die Eltern zusammen maximal 30 Stunden pro Woche Erwerbsarbeit leisten, im zweiten Lebensjahr 40 Stunden und ab dem dritten Lebensjahr 50 Stunden.
(4) Alleinerziehende dürfen in den ersten zwei Lebensjahren eines Kindes keiner Erwerbsarbeit nachgehen, im Jahr danach höchstens fünfzehn Stunden pro Woche.

2: Bundesgesetz über das Grundeinkommen gem. Art. 18 c der Verfassung

(1) Das Grundeinkommen gem. Art. 18 c der Verfassung beträgt 175 Jubel im Monat für jede und jeden Berechtigten. Dieser Betrag wird alle fünf Jahre überprüft und angepasst.
(2) Das Kindergeld geht in diesem Betrag auf. Zum Stichtag XY werden die Reallöhne etwas abgesenkt. Auch der gesetzliche Mindestlohn sinkt dann einmalig um 0,50 Jubel je Arbeitsstunde. Auf diese Weise haben Niedrigverdiener unter dem Strich deutlich mehr Einkommen, ohne dass die Betriebe,

die über ihre Steuern das Grundeinkommen und die soziale Sicherung finanzieren, überfordert würden.

3. Bundesgesetz über wirtschaftliche Tätigkeit gem. Artikel 20 der Verfassung
(1) Betriebe können in der Regel nicht mehr als 35 Mitarbeiter haben.
(2) Der höchste Verdienst pro Stunde kann in einem Betrieb nur 7-mal höher sein als der niedrigste Verdienst.
(3) Einkommen ab 60000,- Jubel pro Jahr wird zu 100 % versteuert.
(4) Aktiengesellschaften sowie Handel mit Währungen und Wertpapieren sind unzulässig.
(5) Betrieben kann Kapital von wohlwollenden Bürgern selbstlos geliehen werden.

4. Bundesgesetz über die Nutzung von Grund und Boden gem. Art. 22 der Verfassung
(1) Jedem Willigen soll von der zuständigen Allmende- Gemeinschaft ein Stück Land unter Auflagen und unter Vorbehalt auf Zeit zur Selbstversorgung und zum Bewohnen bereitgestellt werden (Besitz). Das kann auch auf Lebenszeit oder generationsübergreifend erfolgen.
(2) Projekte gemeinschaftlicher Selbstversorgung und gemeinschaftliche Wohnprojekte haben bei der Vergabe von Land Vorrang.
(3) Die örtlichen Allmende-Gemeinschaften und die Allmende-Netzwerke müssen Teile des Grund und Bodens für übergeordnete Belange freihalten und reservieren.

(4) Landwirtschaftliche Flächen dürfen nicht für andere Zwecke verwandt werden. Ausgenommen sind grüne Fuß- und Radwege.

(5) 20 % des Ackerlandes kann für die Produktion von Viehfutter verwandt werden. Ein Landwirt kann dieses Recht an andere Landwirte abtreten.

(6) Zulässig sind nur ökologischer Garten- und Landbau sowie Weidehaltung bei Nutztieren.

(7) Im Garten- und Landbau muss Humusaufbau betrieben werden. Das Ziel sind 7 % Humusanteil.

(8) Die Flächenversiegelung muss Schritt für Schritt auf das nötige Mindestmaß zurückgeführt werden. Vor allem müssen Flächen für den motorisierten Individualverkehr reduziert werden. Güter sollen möglichst auf die Schiene verlagert werden.

(9) In geschlossenen Ortschaften müssen mindestens 9 m² öffentlich zugänglicher Grünanlagen bzw. Grünflächen pro Einwohner vorgehalten werden.

(10) Der Bau von Gebäuden aller Art soll platzsparend erfolgen. In der Regel sind ein- oder anderthalb- geschossige Neubauten unzulässig. Eine mögliche Gebäudeaufstockung bis zu einer lokal festzulegenden Obergrenze geht vor Neuversiegelung.

(11) Flächenversiegelung ist mit einer jährlichen Gebühr zu belegen.

B. KINDER-STEMPELBUCH

Soziale Kulturtechniken:

1. Hochdeutsch sprechen
2. Plattdeutsch verstehen
3. sich in Gebärdensprache verständigen
4. Lesen und Vorlesen
5. Schreiben
6. hilfsbereit sein und Rücksicht nehmen
7. gewaltfrei kommunizieren
8. bewusst mit dem Internet und mit sozialen Medien umgehen
9. freundlich sein, auch Fremden gegenüber
10. eigene Fehler erkennen und eingestehen und um Entschuldigung bitten

Kulturtechniken der Kopf- und Handarbeit

11. Rechnen und Mathematik (Grundrechenarten, einfache Geometrie, Prozentrechnung)
12. Textilien und Kleidungsstücke herstellen und reparieren
13. Holz be- und verarbeiten
14. Metalle bearbeiten einschließlich schmieden
15. Gebrauchsgegenstände reparieren (einschließlich Fahrräder)
16. mit Feuerwehrgeräten umgehen

17. sparsam und bewusst mit Rohstoffen umgehen
18. Knoten binden und lösen
19. Pflanzen anbauen, pflegen und ernten I (Blumen, Gemüse und Getreide, einschließlich Kompostierung
20. Pflanzen anbauen, pflegen und ernten II (Bäume und Sträucher)
21. Maurerarbeiten durchführen
22. Malerarbeiten durchführen

Guter Umgang mit sich selbst und anderen Lebewesen:

23. eine gesunde Lebensweise üben I (innere Einstellung)
24. eine gesunde Lebensweise üben II (Ausdauer, Kraft, Körperhaltung und Beweglichkeit)
25. eine gesunde Lebensweise üben III (Ernährung)
26. eine gesunde Lebensweise üben IV (Hygiene und Körperpflege)
27. sparsam und bewusst mit Lebensmitteln umgehen
28. Geflügel halten
29. Schafe oder Ziegen halten
30. imkern
31. Wildpflanzen nutzen
32. Lebensmittel konservieren
33. Speisen und Getränke zubereiten

34. 1. Hilfe leisten
35. Verkehrsregeln kennen und sich sicher und rücksichtsvoll im Straßenverkehr bewegen

Kreative Kulturtechniken:

36. ein Musikinstrument spielen
37. im Chor mitsingen
38. die nähere Heimat und ihre Geschichte kennen und darüber erzählen können
39. künstlerisch gestalten (z.B. Schmuck oder Dekoration)
40. Gedichte oder Erzählungen schreiben
41. Gedichte auswendig vortragen

Weitere Kulturtechniken:

42. bewusst mit Geld umgehen
43. bewusst mit Werbung umgehen
44. schwimmen und tauchen
45. Fahrrad fahren
46. sicher mit Feuer umgehen
47. sich mit Karte und Kompass sowie anhand des Sonnenstandes und des Sternenhimmels orientieren
48. klettern
49. weitere Kulturtechnik
50. weitere Kulturtechnik

C. Interview im *Hans im Glück*[68]

HiG: *Angelika Lehmbau., Deutschland und das internationale Umfeld befinden sich in tiefen Krisen: ökologisch, wirtschaftlich und sozial. Ist unsere Wissensgesellschaft nicht in der Lage, diese Krisen zu meistern?*

AL: *Der Begriff der Wissensgesellschaft ist für mich der blanke Hohn. Prägend für die Gesellschaft ist eher das Phänomen der Entfremdung, das große Teile des Lebens betrifft. Selberwissen und -verstehen, Selberkönnen und Selbermachen sind weitgehend in Deutschland ausgestorben. Entfremdung bezieht sich aber auch auf den zwischenmenschlichen Bereich: Menschliche Beziehungen werden durch funktionale Beziehungen ersetzt.*

HiG: *Können Sie für das angesprochene fehlende Wissen ein paar Beispiele nennen?*

AL: *Nehmen wir die Dinge des täglichen Lebens: Wir verstehen nicht, wie sie im Innern funktionieren, welche Rohstoffe verwendet und wie diese unter welchen Umständen gewonnen wurden. Wir kennen nicht die Menschen, die sie mit welchen Mitteln und unter welchen Arbeitsbedingungen auch immer gemacht haben, geschweige denn, dass wir die Dinge selber machen könnten. Bei Lebensmitteln sieht es ähnlich aus. Strom kommt aus der Steckdose, Gas und Wasser aus der Leitung.*

HiG: *Ist das nicht bequem und praktisch?*

AL: *Das mag wohl sein. Wir lassen uns aber mittlerweile im materiellen Bereich fast vollständig fremd versorgen. So ist unsere Abhängigkeit von anderen umfassend. Wir selbst sind nur* *noch unfähige Konsumenten und unwissende Anwender.*

HiG: *Anscheinend können wir uns das leisten.*

AL: *Ja, Geld muss her, damit wir überhaupt klarkommen. Und je größer die Ansprüche, desto größer die Abhängigkeit von Geld. Was bleibt da als geld-orientierte Erwerbsarbeit?*

HiG: *Was soll daran schlecht sein?*

AL: *Sind wir denn hier in unserem Element? Befriedigt uns die Arbeit? Auf manche mag das zutreffen. Sie haben eine sinnvolle, sinnstiftende Arbeit, die den Einsatz von Kopf, Herz und Händen erfordert. Ansonsten sind viele Arbeiten eher einseitig. Wir sind nur ein Rad im Getriebe und kennen das große Ganze unseres Betriebes nicht. Auch hier gilt für die Geräte und Maschinen, mit denen wir arbeiten: Wir sind nur ihre unwissenden Anwender. Also auch in der Arbeitswelt Entfremdung. Acht Stunden am Tag. Das müssen wir kompensieren mit käuflichen Dingen. Wir gönnen uns was. Aber direkt nach dem Kauf hört die Befriedigung schon auf. Die Schränke sind voll, die Abhängigkeit vom Geld umso größer. Ein Teufelskreis.*

HiG: *Sie sprachen anfangs auch von zwischenmenschlichen Beziehungen.*

AL: *Ja, schauen wir zum Beispiel in die Familien. Zunächst wird Beziehung durch Erziehung ersetzt und hier erklären wir uns gleich für unfähig und deshalb unzuständig. Wir geben unsere Kinder mit einem Jahr in die Kinderkrippe und später auf eine Ganztagsschule. Bildung ohne Bindung. Und die Nachbarschaft? Wie gut kennen wir uns, nehmen wir Anteil, wie sehr helfen wir uns? Soziale Probleme allerorten, aber zuständig sind irgendwelche marktwirtschaftlichen oder staatlichen Einrich-*

tungen. Das Gleiche gilt für alte und kranke Menschen. Immer wieder Fremdversorgung und Entfremdung und Abhängigkeit.

HiG: *Dafür zahlen wir Steuergelder.*

AL: *Ganz recht. Schauen wir auch auf die Gemeingüter, auf tatsächliche oder vermeintliche, z. B. auf Straßen, kulturelle oder sportliche Einrichtungen. Wir wollen sie kostenlos nutzen, aber für Pflege und Unterhaltung sind andere zuständig. Wir delegieren und kaufen uns mit unseren Steuerzahlungen frei. Auch hier sind wir entfremdet. Die Beziehungen und die Verbundenheit sind verloren gegangen. Und wir sind umso abhängiger von unserer oft unbefriedigenden Erwerbsarbeit, weil wir ja so viele Steuern abführen müssen.*

HiG: *Wir haben uns in diesem System eingerichtet und gehen davon aus, dass das immer so weitergeht.*

AL: *Bedenken Sie, dass es ein großes Leiden an den vielfältigen Entfremdungen gibt und eine große Sehnsucht nach Beheimatung, nach Sinnstiftung und Verbundenheit. Fragen wir uns aber auch: Was nun, wenn Marktwirtschaft und Staat zusammenbrechen durch Umweltkollaps, Finanzcrash oder sonst was? Dumm gelaufen. Vielleicht geht uns dann auf, was uns wirklich guttut, was gutes Leben für uns eigentlich ausmacht.*

HiG: *Sie sprachen von Beheimatung und Verbundenheit.*

AL: *Ja, unsere Gesellschaft hat sich sehr weit vom menschlichen Maß entfernt. Vielen Menschen ist ein Gefühl der Beheimatung und Verbundenheit verloren gegangen. Beheimatung und Verbundenheit sind nun umso größer, je mehr wir mit uns und unserer Um- und Mitwelt im Einklang sind, je mehr wir wissen und verstehen, was wir tun und nutzen und je mehr wir in* *nahräumlichen, sozialen und zwischenmenschlichen Bezügen eingebunden sind.*

HiG: *Sie sprechen eine mögliche Umkehrung der Sicht- und Lebensweise an. Halten Sie eine solche für einfach?*

AL: *Nein, es ist nicht leicht, zu einer weniger kommerzialisierten Lebensweise und entsprechenden Strukturen zurückzufinden. Wir haben – angeblich - keine Zeit. Uns fehlen inzwischen Wissen und Können. Und Vorstellungskraft. Trotzdem, wie wäre es, wenn wir uns wieder viel mehr individuell oder vor allem gemeinschaftlich um unsere Lebensmittel, unsere Gebrauchsgegenstände, unsere Kinder, unsere Kranken, unsere Alten, unsere Straßen, unsere Museen, unsere Turnhallen oder unsere Schwimmbäder kümmern würden? Wenn wir wieder Bezug zu allem hätten, Beziehungen eingingen? Wenn wir Dinge und Beziehungen wieder mehr zu schätzen wüssten, sie genießen könnten?*
Tatsächlich wünschten sich viele Menschen nichts mehr als gebraucht zu werden. Und viele Menschen bräuchten und hätten gerne mehr Zeit für ihre Familie, ihr soziales Umfeld, ihren Garten oder ihr Ehrenamt.

HiG: *Sie sprechen also von individueller oder gemeinschaftlicher Teil-Selbstversorgung.*

AL: *Ja, Selbstversorgung, sogenannte Subsistenzwirtschaft, war früher normal. Eigene Herstellung, Pflege und Reparatur von Dingen, gemeinsame Nutzung, Ausleihe und Tausch, Nachbarschaftshilfe. Und das dazugehörige Wissen und Können waren verbreitet. Nichts vermittelt so viel Sinn wie gute zwischenmenschliche Beziehungen, Subsistenzwirtschaft und gegenseitige Hilfen.*
Auch Allmenden waren früher selbstverständlich. Auch sie

waren eine Form gemeinschaftlicher Selbsthilfe, die langfristige, gemeinschaftliche Vorteile generiert hat.

HiG: *Es wurde schon oft vom Scheitern von Allmenden geschrieben.*

AL: *Allmenden waren gewiss keine Selbstläufer. Selbstorganisation und Selbstverwaltung mussten gelernt und geübt werden. Zunächst musste die Verfassung der Allmende, das heißt das Regelwerk, von der Gemeinschaft selbst erarbeitet und im Laufe der Zeit überprüft und ggf. angepasst werden. Damit die Güter der Allmende von den einzelnen Beteiligten dauerhaft angeeignet werden konnten, mussten diese auch in gewissem Umfang zu deren Bereitstellung beitragen. Eine entsprechende Selbstverpflichtung war nötig und ebenso – so hat die Erfahrung gezeigt – ein gewisses Kontroll- und Sanktionssystem, um mit Missbräuchen konstruktiv umgehen zu können.*[69]

HiG: *Die Allmenden der Vergangenheit bezogen sich doch weitgehend auf gemeinschaftliches Land, auf Weiden oder Wälder. Wie wollten Sie moderne Allmenden beleben, wo das Land doch praktisch komplett in privater oder staatlicher Hand ist? Sicher könnte hier und da etwas Land gepachtet oder gekauft werden. Aber die horrenden Bodenpreise würden das sicher erschweren. Wie kann unter diesen Umständen eine breite Bewegung der Selbstversorgung und der Subsistenzwirtschaft ins Rollen kommen?*

AL: *Sie haben den wunden Punkt getroffen. Natürlich gibt es in Deutschland sehr viele Grundbesitzer, die sich mit ihren Gartenflächen und Werkstätten zusammenschließen könnten. Im Kleinen passiert das ja auch schon. Oder denken Sie an die Ökodörfer und andere vergleichbare Lebensgemeinschaften. Es gibt schon viele gute Beispiele und positive Erfahrungen. Aber* *trotzdem ist der Boden ein beschränkender Faktor. Hier ist politische Kreativität gefragt. Denn in Zeiten internationaler Krisen kann es existentiell wichtig werden, dass lokale und regionale Versorgung funktioniert – sowohl marktwirtschaftlich als auch subsistenzwirtschaftlich.*

HiG: *Angelika Lehmbau., vielen Dank für das anregende Gespräch.*

D. PROTOKOLL EINER PODIUMSDISKUSSION

Thema: Endstation Mutlosigkeit?
Moderation: Klaus Olsen
Gäste: Bischof Ansgar Zobel aus Limburg, die Soziologin Rebekka Borchert aus Freiburg und die Schriftstellerin Simone Hanstorf aus Potsdam

KO: Rebekka Borchert, Bankencrash, Straßenschlachten, Rücktritte, Regierungskrisen, immer wieder Ernteausfälle, Überschwemmungen, Arbeitslosigkeit, Kriminalität – wir befinden uns in einer Sackgasse. Die Verunsicherung ist riesengroß. Die Politik hat offenbar keine brauchbaren Antworten. Oder ist sie einfach nur mutlos? Sind wir selbst inzwischen mutlos angesichts der multiplen Krisen?

RB: Es stimmt, dass viele Menschen mutlos und verzweifelt sind. Auch ist es richtig, dass der etablierten Politik Antworten fehlen. Wenn sie die richtigen Fragen stellte, versuchte den Krisen auf den Grund zu gehen, käme sie sicher auch zu Antworten. Es gibt immer Auswege, wie wir sicher auch im Laufe des Gespräches sehen werden.

KO: Bischof Zobel, Frau Borchert spricht von Auswegen.

BAZ: Sicher *sind wir* manchmal *weglose Leute, aber nicht ohne Ausweg!*[70] Das sagt auch Paulus im 2. Korintherbrief. Ich bin weiterhin voller Hoffnung. Krisen sind auch immer

Chancen. *Man muss aber den Mut haben, in eine Richtung zu gehen, in die bisher noch niemand gegangen ist.*[71] Die alten Antworten haben sich als untauglich erwiesen. Wir müssen deshalb eine neue Richtung einschlagen. Bedenken wir, dass *die Erde*, die uns geschenkt und anvertraut ist, *genug bietet, um das Bedürfnis jedes Menschen zu befriedigen, nicht aber seine Habsucht.*[72] *Die Dynamik des industriellen Systems steht im Widerspruch zum Wesen des menschlichen Gleichgewichts.*[73] Außerdem *bedrohen wir mit der industriellen Illusion jetzt die ‚Heimat'.*[74] Ich meine die Erde.

Wir werden sicher im Laufe des Gespräches noch versuchen, ganzheitliche Lösungsansätze zu finden. Ein Aspekt ist sicher unsere Einstellung zu Technik und Technologie. Denn *die Macht der modernen Technik verändert die Lebensformen der gesamten Menschheit in globalem kausalen Zusammenhang, bereichernd für viele, verarmend für viele, lebensgefährlich für alle.*[75] *Die Technik unterwirft den Menschen ihrem eigenen Tempo, ihren Notwendigkeiten und Verfahrensabläufen. Der Takt der Maschine hat nach und nach alle anderen Rhythmen eingeebnet.*[76] Als Christen *fragen wir nach einem möglichen Weg des Glaubens in einem von der Technik geprägten Alltag.*[77] *Lassen wir uns von der Megamaschine*, von der Lewis Mumford spricht, *den Takt vorgeben? Funktionieren wir, statt zu glauben und zu leben? Prägt die Technik den ganzen Menschen, Geist, Seele und Leib? Vielleicht müssen wir die Technik einmal als Götzen in den Blick nehmen, in ihrer sonderbaren Zwiespältigkeit: von Menschen gemacht und diese gleichzeitig unterwerfend, Diener und Herr in einem.*[78]

Ich sehe nun *zwei Wege zur Erreichung* einer *technologi-*

schen Reife: der eine ist die Befreiung vom Überfluss; der andere die Befreiung vom Wunschtraum des Fortschritts.[79]

KO: Da haben Sie mir ja schon eine ganze Reihe Stichworte geliefert. Viele Menschen sind mutlos und verzweifelt, wenn auch nicht Rebekka Borchert und Bischof Zobel. Simone Hanstorf, Krisen sind auch immer Chancen, haben wir gerade gehört. *Das Beschreiten neuer Wege, die Entwicklung angemessener Lösungen der vor uns liegenden Probleme setzt eine Verständigung über die Frage voraus, welche Werte wir eigentlich verwirklichen, welche Richtung wir einschlagen wollen. Angesprochen ist die Notwendigkeit einer Verständigung über die Ziele gesellschaftlichen Handelns. Kein Bauwerk, auch nicht das der Gesellschaft, lässt sich ohne Plan und Maßstab verwirklichen.*[80]

SH: Worum es doch geht oder gehen sollte, ist ein ‚gutes Leben'. *Es geht darum, hier und jetzt gut zu leben, ohne das Leben der nachfolgenden Generationen zu gefährden.*[81] Wir sollten deshalb so schnell wie möglich *einen Lebensstil entwickeln, der mit den echten Bedürfnissen der menschlichen Natur sowie mit den Gegebenheiten der Umwelt im weitesten Sinn auf die Dauer vereinbar ist.*[82]
Wir müssen uns fragen, *was ausreichend, was wirklich notwendig ist, anstatt mit immer größerer Effizienz zügellos dem Konsumismus und Konfortismus zu frönen, wodurch die Grundlagen der Gesellschaft selbst und der ökologischen Nachhaltigkeit gefährdet sind. Das ‚Gute Leben' bedeutet nicht, im Überfluss zu leben. Das Motto lautet im Gegenteil: mit weniger besser leben*[83].
Seit Jahrzehnten gibt es Initiativen, die zeigen, dass gutes Leben möglich ist, ohne anderen zu schaden. Überschau-

bare Lebensgemeinschaften, Kommunitäten, Ökodörfer, Genossenschaften, Gemeinschaften solidarischer Landwirtschaft. Das macht mir Mut. Auf der Basis wird es auch Chancen geben.

BAZ: *Das ‚Gute Leben' bezieht alle mit ein, sonst ist es kein gutes Leben.*[84]

RB: *Die Organisation der ganzen Wirtschaft im Hinblick auf das bessere Leben ist das Haupthindernis für das gute Leben.*[85]

SH: *Die Beziehung zur Natur ist ein Schlüsselaspekt für den Aufbau des ‚Guten Lebens'.*[86] *Und gutes Leben muss ein Leben sein, das die Fähigkeit zur Selbstversorgung und Selbstverwaltung in Gemeinschaft lebender Menschen in den Mittelpunkt stellt.*[87]

RB: Unser Wirtschaftssystem erzeugt ein ständiges Mangelgefühl, das einem guten Leben entgegensteht. *Das Gegenteil von Mangel, Bedürfnis und Armut ist eine moderne Subsistenz. Moderne Subsistenz können wir einen Lebensstil nennen, der in einer nachindustriellen Volkswirtschaft herrschen könnte, in der es den Menschen gelungen wäre, ihre Abhängigkeit vom Markt zu reduzieren., und zwar dadurch, dass sie – durch politische Mittel – eine soziale Infrastruktur einrichten und schützen, bei der Techniken und Werkzeuge hauptsächlich dazu dienen, Gebrauchswerte herzustellen, die sich der Messung und Bewertung durch die professionellen Bedürfnismacher entziehen.*[88]

KO: Ich höre gutes Leben, eine Erde, die genug bietet,

um das Bedürfnis jedes Menschen zu befriedigen. Ich höre Genügsamkeit, Selbstversorgung und Selbstverwaltung auf der einen Seite. Auf der anderen Seite war vom industriellen System die Rede. Lassen Sie uns die Industrialisierung, die Marktwirtschaft und das Wachstumsdogma näher beleuchten.

RB: *Das Industriesystem ist unter dem Gesichtspunkt eines unbeschränkten Wachstums und im Hinblick auf die Schaffung unbeschränkt neuer Bedürfnisse organisiert, die im industriellen Zusammenhang rasch zwingend werden.*[89] *Wissenschaft und Technik stützen die industrielle Produktionsweise und zwingen uns dadurch, alle spezifisch mit einer autonomen und schöpferischen Arbeit verbundenen Werkzeuge zum alten Eisen zu werfen*[90]
Das industrialistische Wirtschaftswachstum beruht auf ständiger Steigerung der Arbeitsproduktivität, sprich Arbeitsteilung, und hat so während seiner ganzen Geschichte den Großteil der Arbeiter und unteren Angestellten zunehmende Sinnentleerung der Arbeit beschert.[91]

SH: *Die Maschinen lassen uns vieles in den Schoß fallen, was früher mühsam erarbeitet werden musste, aber je mehr sie uns abnehmen, umso farbloser und leerer wird das Erreichte. Ein Leben aus zweiter Hand.*[92] *Wir haben uns nämlich verleiten lassen, mit unserem Wissen und Können einen Produktionsstil zu entwickeln, der die Mehrzahl der arbeitenden Menschen verkommen oder verkümmern lässt.*[93]

BAZ: Die durch die Technik immer stärker beschleunigte und verdichtete Arbeitszeit wird häufig als Nicht-Leben *empfunden, als bloßes Funktionieren. Nur wenige Berufe lassen Selbstverwirklichung durch Arbeit als möglich erscheinen.*[94]

SH: *Diese sinnlose, mechanische, monotone und stupide Arbeit, die die Seele zugrunde richtet, ist eine Schmähung der Menschennatur, die unvermeidbar entweder Flucht oder Aggression hervorrufen muss.*[95] *Ohne Arbeit verfault das Leben. Wenn aber Arbeit seelenlos ist, erstickt das Leben und stirbt.*[96]

RB: *Echte, direkt schöpferische Arbeit ist in der modernen Industriegesellschaft zu der seltensten aller Mangelwaren geworden*[97]. *Der Mensch wird zum Anhängsel der Mega-Maschine, zum Rädchen im Getriebe der Bürokratie.*[98]
Das Monopol der industriellen Produktionsweise macht den Menschen zum primären, durch das Werkzeug bearbeiteten Material.[99]
Im Augenblick soll das Konsumangebot wettmachen, was an Frustration aus entgangener Befriedigung in der Arbeit entstanden ist.[100]
Im fortgeschrittenen Stadium der Massenproduktion muss eine Gesellschaft ihre eigene Zerstörung bewirken. Der Mensch, entwurzelt und in seiner Kreativität kastriert, ist in seiner individuellen Kapsel eingeschlossen.[101]

BAZ: Wir stellen eine *fortschreitende Überspannung des Prinzips der Arbeitsteilung und der übermäßigen Spezialisierung*[102] fest. Wichtig wäre dagegen das *Prinzip einer Integration der Arbeit.*[103]
Gandhi forderte mit Blick auf die Armen der Welt *eine Produktion durch die Massen statt Massenproduktion*[104]. Das

System der Massenproduktion, das sich auf ausgeklügelter, sehr kapitalintensiver, sehr Energie verschwendender und menschliche Arbeit ersetzender Technologie gründet, setzt voraus, dass man bereits reich ist, denn zur Einrichtung eines einzigen Arbeitsplatzes ist eine große Kapitalinvestition erforderlich. Das System der Produktion der Massen weckt die schlafenden Kräfte, über die alle Menschen verfügen: die Klugheit ihrer Köpfe und das Geschick ihrer Hände, und unterstützt sie mit erstklassigem Werkzeug.[105]

RB: Ja, *die Technologie der Massenproduktion ist in sich gewalttätig, umweltschädlich, selbstzerstörerisch mit Bezug auf nicht-erneuerbare Rohstoffe und den Menschen verdummend. Die Technologie der Produktion der Massen, die sich des Besten an modernem Wissen und moderner Erfahrung bedient, führt zu Dezentralisierung, ist mit den Gesetzen der Ökologie vereinbar, geht sorgsam mit knappen Rohstoffen um und dient dem Menschen, statt ihn Maschinen zu unterjochen. Ich habe sie Mittlere Technologie genannt, um anzudeuten, dass sie der primitiven Technologie früherer Zeiten weit überlegen, zugleich aber sehr viel einfacher, billiger und freier als die Supertechnologie der Reichen ist. Man kann sie auch Selbsthilfe-Technologie oder demokratische oder Volkstechnologie nennen – eine Technologie jedenfalls, zu der jedermann Zutritt hat und die nicht denen vorbehalten ist, die bereits reich und mächtig sind.*[106]

SH: *Produktion durch die Massen ist nur möglich auf der Basis einer Kleintechnik, die die Menschen in die Lage versetzt, mit wenig Kapital vorwiegend aus lokal verfügbaren Materialien für vorwiegend lokale Bedürfnisse zu* *produzieren. Produktion und Verbrauch liegen so dicht zusammen, dass es auch ohne großen Transport geht. Der Akzent liegt auf der Selbst-Beschäftigung, nicht auf dem Suchen nach von großen Unternehmen geschaffenen Arbeitsstellen. Der Sinn entstammt direkt aus greifbaren Bedürfnissen. Die Arbeitsfreude erwächst aus dem entstehenden Produkt. Es gilt die Produktivität von armen und relativ hilflosen Menschen zu heben.*[107]

RB: *Die menschliche Person wird heute aus dem lebendigen Glied eines Gemeinschaftskörpers zum Zahnrad der ‚Kollektiv'-Maschine. Der Mensch in der entarteten Technik ist im Begriff, das Gefühl des Werkes und das des Maßes einzubüßen.*[108] *Der Rhythmus der Produktion verlangt außerdem den Gehorsam des Konsumenten, der ein standardisiertes Produkt akzeptiert.*[109]

SH: *Der Mangel, den das Industriesystem sorgfältig schürt, wird die Entdeckung nicht überleben, dass Personen und Gemeinschaften ihre wirklichen Bedürfnisse meist selber befriedigen können.*[110]
Die menschliche Freiheit ist in der Lage, die Technik zu beschränken, sie zu lenken und in den Dienst einer anderen Art des Fortschritts zu stellen, die gesünder, menschlicher, sozialer und ganzheitlicher ist. Die Befreiung vom herrschenden technokratischen Paradigma geschieht tatsächlich in manchen Situationen, zum Beispiel wenn Gemeinschaften von Kleinproduzenten sich für weniger verschmutzende Produktionssysteme entscheiden und dabei ein Modell des Lebens, des Wohlbefindens und des nicht konsumorientierten Miteinanders vertreten.[111]
Gesetzt den Fall, es würde zum erklärten Ziel von Erfin-

dern und Ingenieuren, gewöhnliche Menschen mit Mitteln zu versehen, mit denen sie einträgliche und an sich sinnvolle Arbeit leisten können, und ihnen dazu zu verhelfen, Unabhängigkeit vom Bonzen zu erlangen, so dass sie ihre eigenen Arbeitgeber oder Mitglieder sich selbst verwaltender Gruppen werden können, die für den eigenen Unterhalt und einen lokalen Markt arbeiten, dann würde dieser anders orientierte technische Fortschritt zu einer fortschreitenden Dezentralisierung sowohl der Bevölkerung und der Zugänglichkeit von Grund und Boden als auch des Besitzes an Produktionsmitteln und der politischen und wirtschaftlichen Macht führen.[112]

BAZ: Die westliche Zivilisation ist stark von Fortschrittsglauben geprägt. Technischer Fortschritt werde unsere Probleme schon lösen. *Ein merkwürdiger Fortschritt das, der immer zu spät kommt.*[113]
Und schon längst wird von einem vermeintlichen Wachstums- und Fortschrittszwang gesprochen. *Die Opfer an Kraft, menschlicher Substanz und natürlichen und geistigen Reserven, die der Zwang zum Fortschritt aber gefordert hat, sind unbeschreiblich. Millionen von Menschen wurden im Namen des Fortschritts im Westen entwurzelt, im Osten versklavt. Völker wurden in seinem Namen unterjocht und Kulturen vernichtet.*[114]
Materieller und seelischer Wohlstand haben nicht miteinander Schritt gehalten. Die moderne Industriegesellschaft hat uns nicht nur einen Überfluss an Waren und Dienstleistungen beschert. Sie hat uns auch eine erschreckende Zunahme der psychischen Erkrankungen im Kindesalter: Verhaltensstörungen, psychogenen Lernhemmungen und Kindheitsneurosen gebracht. Die Zahl der ‚innerlich' ver-

wahrlosten Kinder und Jugendlichen nimmt ständig zu. Ihnen fehlt die Bindungsfähigkeit an Personen und Sachen, sie sind labil und übermäßig beeinflussbar, leiden unter Depressionen und haben Schwierigkeiten, sich in der Gemeinschaft, sei es die Familie, der Freundeskreis oder die Schule, einzuordnen.[115]

SH: *Das übersteigerte Wachstum bedroht das Recht des Menschen auf Verwurzelung in der Umwelt, mit der zusammen er entstanden ist. Die Industrialisierung bedroht das Recht des Menschen auf Autonomie des Handelns. Die Überprogrammierung des Menschen im Hinblick auf seine neue Umwelt bedroht seine Kreativität. Die zunehmende globale Verbündelung aller Produktionsprozesse bedroht sein Recht auf Mitsprache, das heißt auf Politik.*[116]
Wir sind durch die industriellen Gewohnheiten derart verbildet, dass wir es nicht mehr wagen, Fortschritt durch Des-Industrialisierung als Möglichkeit ins Auge zu fassen. Auf die Massenproduktion verzichten, das heißt für die meisten von uns, in die Fesseln der Vergangenheit zurückkehren oder die Utopie vom guten Wilden wieder hervorzuholen.[117]
Unsere Träume sind standardisiert, unsere Vorstellungen sind industrialisiert, unsere Phantasie ist programmiert.[118]
In der Industriegesellschaft werden die Menschen auf extreme Spezialisierung trainiert. Sie werden unfähig gemacht, ihre eigenen Bedürfnisse zu gestalten oder zu befriedigen.[119] *Eine autonome Bedürfnisbefriedigung wird also durch ein Industrieprodukt oder eine Expertendienstleistung ersetzt.*[120]

BAZ: *Während das Herz des Menschen immer leerer wird, braucht er immer nötiger Dinge, die er kaufen, besitzen* *und konsumieren kann. In diesem Kontext scheint es unmöglich, dass irgendjemand akzeptiert, dass die Wirklichkeit ihm Grenzen setzt. Ebenso wenig existiert in diesem Gesichtskreis ein wirkliches Gemeinwohl.*[121]

Dabei bereitet dem Menschen, den Thomas von Aquin als ein Lebewesen mit Hirn und Händen definiert, nichts mehr Freude, als mit seinen Händen und seinem Hirn zugleich schöpferisch, nützlich und produktiv tätig zu sein.[122]

Der Zwang zum nichtkreatürlichen Leben ist der äußerste Tiefstand, der äußerste Abstand des Menschen von seinem Ebenbildcharakter. Ist das nur Zwang oder echte Notwendigkeit? Es gibt durchaus ernsthafte Menschen, die behaupten, die Überspannung der Technik sei Notwendigkeit, und wir Romantiker, die wir das leugnen. Wir sind es nicht, denn wir denken nicht zurück, sondern darüber hinaus. Es muss von dieser Entwicklung aus und über sie hinaus eine Durchmenschlichung der Technik geben.[123]

SH: *In gewisser Hinsicht ist der Markt die Institutionalisierung des Individualismus und der Nicht-Verantwortlichkeit. Weder Käufer noch Verkäufer sind für etwas außer sich selbst verantwortlich.*[124]

BAZ: *Der Markt neigt dazu, einen unwiderstehlichen Konsum-Mechanismus zu schaffen, um seine Produkte abzusetzen. Die Menschen versinken schließlich in einem Strudel von unnötigen Anschaffungen und Ausgaben. Der zwanghafte Konsumismus ist das subjektive Spiegelbild des techno-ökonomischen Paradigmas.*[125]

RB: *Auf einem übersättigten Markt fördert und fordert der Mangel immer mehr die Programmierung der Kunden.*[126]

BAZ: Wir müssen einsehen, *dass genug gut und übergenug von Übel ist.*[127] *Die Genügsamkeit, die unbefangen und bewusst gelebt wird, ist befreiend. Sie bedeutet nicht weniger Leben, sie bedeutet nicht geringere Intensität, sondern ganz das Gegenteil.*[128] *Eine Gesellschaft, in der jeder wüsste, was genug ist, wäre vielleicht eine arme Gesellschaft; sie wäre ganz sicher eine an Überraschungen reiche und freie Gesellschaft.*[129]

RB: *Es muss anders, besser und weniger konsumiert werden, um selbst mit reduzierten materiellen Gütern bessere Ergebnisse für die Lebensqualität zu erzielen. Ein solches Wirtschaftskonzept muss sich eine wachsende Grundlage für gemeinschaftliche Eigenständigkeit auf allen Gebieten schaffen.*[130]

Ich möchte auf einen zentralen Aspekt unserer kapitalistisch-marktwirtschaftlichen Wirtschaftsordnung eingehen: auf das Privatunternehmertum. *Das Wesen des Privatunternehmertums ist das private Eigentum an Produktions-, Vertriebs- und Tauschmitteln.*[131] *Beim Privatbesitz liegt die erste und wichtigste Unterscheidung zwischen Besitz als Hilfe zu schöpferischem Tun und Besitz als Alternative dazu. Der erste Besitz hat etwas Natürliches und Gesundes an sich – der private Besitz des arbeitenden Inhabers, während letzterer etwas unnatürliches und Ungesundes an sich hat – der Privatbesitz des untätigen Eigentümers, der schmarotzerhaft von der Arbeit anderer lebt.*[132] *Privatunternehmertum mit Besitz, wie im ersten Fall geschildert, ist automatisch klein, persönlich und ortsbezogen. Es bringt keine weitergehende gesellschaftliche Verantwortung mit sich.*[133] *Beim Übergang vom Kleinbetrieb zum mittleren*

Betrieb wird der Zusammenhang zwischen Eigentum und Arbeit bereits aufgeweicht. Das private Unternehmertum wird schon unpersönlicher und stellt zugleich einen bedeutenden gesellschaftlichen Faktor am Ort dar. Es kann sogar eine Bedeutung erlangen, die über den Einfluss am Ort hinausgeht.[134] *Wie schon gesagt: Es gibt Eigentum – an Produktionsmitteln –, das den Besitzer zu seiner Arbeit befähigt, und es gibt Eigentum, das den Besitzer der Notwendigkeit zu arbeiten enthebt.*[135]
Wenn wir in unserer Betrachtung vom Kleinbetrieb zum mittleren Betrieb und dann zum Großbetrieb übergehen, bemerken wir, dass die Verbindung zwischen Eigentum und Arbeit immer schwächer wird, so dass sich bei zunehmender Größe das Wesen des Phänomens ‚privates Eigentum an Produktionsmitteln' grundlegend geändert hat. Der selbst arbeitende, selbst stets nach dem Rechten schauende Eigentümer ist offensichtlich etwas wesentlich anderes als der ‚stille Teilhaber', der im Betrieb nicht die geringste Rolle spielt und sich nur für seinen Anteil am Profit interessiert.[136]

SH: *Für den kleinen Betrieb ist Privateigentum durchaus sinnvoll; es wirkt als ordnendes Prinzip und fixiert Verantwortung; das Eigentum ist ‚aktiv', indem es den Eigentümer zur erfolgreichen Durchführung seiner Arbeit befähigt. Auch eine Aufteilung oder Kollektivierung des Privateigentums zugunsten der Mitarbeiter ist sinnvoll, sofern deren Zahl diejenige einer ‚primären Arbeitsgruppe' – also etwa 12 – 20 – nicht übersteigt. Durch einen solchen Betrieb wird niemand ungebührlich reich, und sein Einfluss auf die gesellschaftliche Umgebung ist so geringfügig, dass gewichtige Interessenkonflikte kaum entstehen können. Im*

Falle des Großbetriebes kann die Idee des Privateigentums nur eine juristische Fiktion sein. Sie hat keine funktionelle Berechtigung und kann nur als Störfaktor wirken. Die Folge der juristischen Fiktion ist unziemliche Bereicherung der Eigentümer, eine Überordnung von Profitinteressen über die Interessen des arbeitenden Menschen im Betrieb und der Gesellschaft draußen.[137]

BAZ: *Sogenanntes Privateigentum an großen Unternehmen ist in keiner Weise mit dem einfachen Besitz des kleinen Bauern, Handwerkers oder Unternehmers zu vergleichen.*[138] *Es ist also ebenso wichtig, das Eigentum zu bewahren, das jemand auf Grund seiner Arbeit hat, wie es wichtig ist, das abzuschaffen, was er auf Grund der Arbeit anderer hat.*[139]

KO: Ein weiterer wichtiger Aspekt unseres Wirtschaftssystems ist die Lohnarbeit.

RB: *Lohnarbeit ist der Name für die kapitalistische Arbeitsverfassung, in der die Arbeit Ware ist. Alles Leben ist Selbstzweck, hat Anspruch auf unbedingte Würde. Eine Zweckmäßigkeitserwägung über die Art, wie das Einzelleben in das Gesamtleben eingefügt wird, ist dadurch keineswegs ausgeschlossen, darf aber nie den irrationalen Freiheitsanspruch vernichten. Das jedoch tut der Kapitalismus durch die Art, wie er den arbeitenden Menschen in das Gesamtgefüge einfügt. Es behandelt ihn als ein Sachding, er missachtet das Leben in ihm und somit das Lebensrecht auf Freiheit, auf Würde, auf Sinnerfüllung. Da nämlich der Arbeiter nichts ist als Mittel für einen Sachzweck, so steht die Kurve seines Lebens in ungebrochener Abhängigkeit* *von den Sachbedingungen des Arbeitsmarktes und stürzt senkrecht ab, wenn der Sachzweck Güterherstellung nicht gewollt wird: er wird dann entlassen. Denn nicht um seiner selbst willen, nur als Mittel der Güterherstellung wird der arbeitende Mensch geschätzt.*[140]

SH: Ja, auf Arbeitgeberseite hören wir oft, *„Wir brauchen Kapital, um Arbeitsplätze zu schaffen"*, und gleichzeitig nutzen sie Kapital in erster Linie, um Arbeitsplätze einzusparen.[141]

RB: Ja, *Ziel der heutigen Technik ist nicht die Unterstützung und Förderung der menschlichen Arbeit, sondern ihre Abschaffung.*[142]
Der Mensch braucht ein Werkzeug, um damit zu arbeiten, nicht aber einen Apparat, der an seiner Statt ‚arbeitet'.[143]

SH: *Jede Maschine, sagte Gandhi, die jedem einzelnen hilft, hat ihren Platz, doch darf es keinen Platz für solche Maschinen geben, die Macht in wenigen Händen zusammenballen und die Massen zu bloßen Maschinenwärtern, wenn nicht sogar arbeitslos machen.*[144] *Wenn die Arbeiter sich zusammentun, können sie die Werkzeuge, die sie brauchen, die Maschinen erwerben und selber in ihren Genossenschaften das Subjekt der Produktion werden. Sie können aber auch den Boden erwerben.*[145]
Es gibt Gegenseitigkeit, wenn in einer Industrie alle Arbeiter, statt für einen Unternehmer zu arbeiten, der sie bezahlt und ihr Produkt behält, für einander arbeiten und so zu einem gemeinsamen Produkt zusammenwirken, dessen Gewinn sie untereinander teilen.[146]

KO: Unsere Gesellschaft ist stark vom Leistungsgedanken geprägt. Muße scheint weniger geschätzt zu werden.

BAZ: Bei der eigenen Leistung sollten wir uns in Bescheidenheit üben. Hängt nicht alles von Gottes Segen ab? Natürlich sind wir selbst auch gefragt, sogar sehr. Und doch sind wir in erster Linie Beschenkte. *Jeden Tag denke ich unzählige Male daran, dass mein äußeres und inneres Leben auf der Arbeit der jetzigen und der schon verstorbenen Menschen beruht, dass ich mich anstrengen muss, um zu geben im gleichen Ausmaß, wie ich empfangen habe und noch empfange.*[147] Etwas leisten zu wollen, ist also gut. Wenn es aber darum geht, eigene Leistungen und Erfolge zu bewerten, ist Demut angebracht.

SH: *Im Gegensatz zur Arbeit ist Muße die ‚Haltung der Nicht-Aktivität, der inneren Ungeschäftigkeit, der Ruhe, des Geschehen-Lassens, des Schweigens'*[148].[149] *Es klingt paradox, aber die Menge an wirklicher Muße, die eine Gesellschaft hat, steht im umgekehrten Verhältnis zur Menge an arbeitssparenden Maschinen, die sie verwendet.*[150]

BAZ: *Auch das Freizeitverhalten erscheint oft als bloße Fortsetzung der Arbeit mit anderen Mitteln. Sichtbar wird das in dem zwanghaften Hang zur Aktion, zum Tempo, zum Erlebnis um jeden Preis.*[151] *Woran mag es liegen, dass dem Menschen der Moderne die Muße so fremd geworden ist.*[152] Ich vermute, *dass der Mensch allem misstraut, was mühelos ist; dass er gewillt ist, einzig das mit gutem Gewissen als Eigentum zu haben, was er sich selbst in schmerzhafter Mühsal errungen hat; dass er es ablehnt, sich etwas schenken zu lassen*[153]. So gesehen, könnte die Muße im christlichen Leben ein Zeugnis sein für Gottes unverdiente Güte und Gnade. Wir verdanken uns nicht uns selbst. Wir sind nicht das Produkt unserer Leistung. Das Wesentliche wird uns geschenkt[154] - so auch die Zeit. Doch *die Zeit wird nicht mehr als Geschenk Gottes gesehen, sondern ‚sie hat ihren Sitz in der Uhr. Dort entsteht sie, und von dort aus verschafft sie sich Geltung'*[155].[156]

Ich möchte an dieser Stelle für die *Wiederentdeckung des Sonntags*[157] werben. *Indem der Sonntag das Immer-Gleiche unterbricht, macht er Zeit erfahrbar, gibt er ihr einen Rhythmus. Man kann auf den Sonntag hinleben und von ihm zehren. An ihm kann ich mit allen Sinnen erfahren, dass Leben mehr ist als Arbeit oder Verbrauch, dass es sich nicht rechtfertigen muss durch Nützlichkeit. Am Sonntag will gelebt werden, was ‚Gnade' ist.*[158]

RB: Ich komme nochmal auf den Leistungsgedanken in der Wirtschaft zurück und auf daraus erzieltes Einkommen. Es wird ja immer gefordert, Arbeit müsse sich wieder lohnen. Die Einkommenshöhe hat aber mit der erbrachten Leistung wenig zu tun, schon eher mit der Ersetzbarkeit des Leistenden. Der Tauschwert einer sehr harten Arbeit ist gering, wenn sie von vielen erbracht werden könnte.

Auf einer anderen Ebene wird auch oft Falsches suggeriert. *Privatunternehmer behaupten, dass sie ihre Gewinne aus eigener Anstrengung verdient haben und dass ein bedeutender Teil davon anschließend von den Behörden durch Steuern eingezogen wird. Das ist ganz einfach nicht wahr. Die Behörden haben einen Großteil der Kosten des Privatunternehmertums getragen, denn sie zahlen für die Infrastruktur. Daher zeigen die Gewinne des Privatunternehmers ein verzerrtes Bild seiner Leistung.*[159]

BAZ: *Unmäßiger Reichtum ist ein sehr großes gesellschaftliches Übel. Übermäßiger Reichtum, ebenso wie übermäßige Macht, korrumpiert.*[160]

SH: *Hohe Gewinne kommen entweder durch einen glücklichen Zufall zustande, oder sie sind das Ergebnis nicht der Leistung des Eigentümers, sondern der Gesamtorganisation. Es ist daher ungerecht und gesellschaftlich schädlich, wenn der Eigentümer sie sich allein aneignet. Sie müssten mit allen Mitgliedern der Organisation geteilt werden. Bei der Reinvestition müssen sie ‚freies Kapital' im Gemeinbesitz darstellen, statt dass sie automatisch den Reichtum des ursprünglichen Eigentümers mehren.*[161]

KO: Wir haben gehört: Ökologie, Dezentralisierung, sinnvolle, schöpferische, nützliche Arbeit, Personen und Gemeinschaften, die ihre wirklichen Bedürfnisse selber befriedigen können. Allein mit dem Thema Ökologie könnten wir einen ganzen Abend füllen. Trotzdem: Die ökologische Krise scheint übermächtig zu sein. Wir können ihr nicht mehr Stand halten.

BAZ: *Gott hat die Welt dem Menschen, der Menschheit geschenkt. Wir als Menschen tragen große Verantwortung für die Welt. Deshalb sage ich klipp und klar: die Wirtschaft muss sich der Ökologie unterwerfen.*[162] *Die Umwelt ist ein kollektives Gut, ein Erbe der gesamten Menschheit und eine Verantwortung für alle. Wenn sich jemand etwas aneignet, dann nur, um es zum Wohl aller zu verwalten.*[163] *Auch das Klima ist ein gemeinschaftliches Gut von allen und für alle. Die Menschheit ist aufgerufen, sich der Notwendigkeit bewusst zu werden, Änderungen im Leben, in* der Produktion und im Konsum vorzunehmen, um diese Erwärmung zu bekämpfen.¹⁶⁴

SH: *Wenn die Erde uns geschenkt ist, dann können wir nicht mehr von einem utilitaristischen Kriterium der Effizienz und der Produktivität für den individuellen Nutzen her denken. Wir reden hier nicht von einer optionalen Haltung, sondern von einer grundlegenden Frage der Gerechtigkeit, da die Erde, die wir empfangen haben, auch jenen gehört, die erst noch kommen.*¹⁶⁵

RB: Der Blick in die Zukunft ist richtig und wichtig. Wir sollten aber auch einmal in die Vergangenheit schauen. *Es gibt eine ökologische und eine historische Schuld, bei der verarmte Länder die Gläubiger sind. Die Aufarbeitung dieser Schulden können wir nicht außer Acht lassen.*¹⁶⁶

SH: *In manchen Kreisen meint man, dass die jetzige Wirtschaft und die Technologie alle Umweltprobleme lösen werden, ebenso wie man in nicht akademischer Ausdrucksweise behauptet, dass die Probleme des Hungers und das Elend in der Welt sich einfach mit dem Wachstum des Marktes lösen werden.*¹⁶⁷ *Die reichen Länder müssen aber endgültig ihren Lebensstil ändern, der das ökologische Gleichgewicht der Welt gefährdet, denn in dieser Hinsicht sind auch sie ‚unter-‘, oder ‚fehlentwickelt‘. Gleichzeitig müssen sie Mitverantwortung übernehmen, um die vorhandenen Schäden global zu beseitigen. Mit anderen Worten: Sie müssen ihre ökologische Schuld begleichen. Es geht nicht nur um eine Klimaschuld. Die ökologische Schuld geht auf die koloniale Ausbeutung – zum Beispiel den Abbau von Mineralien und die massive Rodung der Urwälder*

– zurück.[168]

BAZ: *Die einzige Lösung der ökologischen Krise besteht darin, dass die Menschen begreifen, dass sie glücklicher wären, wenn sie miteinander arbeiten und verzichten und füreinander sorgen könnten. Eine solche Umkehrung der geläufigen Auffassung fordert von dem, der sie unternimmt, intellektuellen Mut.*[169]

KO: Ich sehe in unserem Gespräch das Gegensatzpaar Weltmarkt versus Subsistenzwirtschaft.

BAZ: Ja, wir leben in einer Babylonischen Gefangenschaft des Weltmarktes. Der Wettbewerbsfähigkeit auf diesem globalen Markt wird fast alles untergeordnet. *Ich sympathisiere mit denjenigen, die die wirtschaftliche Verwicklung der Nationen minimieren, nicht mit denen, die sie maximieren. Ideen, Wissen, Gastfreundschaft, Reisen – das sind die Dinge, die von Natur aus international sein sollten. Aber lasst uns die Güter weiterhin lokal produzieren, solange dies vernünftig und möglich ist, und lassen wir die Finanzen hauptsächlich national bleiben.*[170]
Wir sollten nicht komplett auf Subsistenzwirtschaft umzustellen. Aber individueller oder gemeinschaftlicher Selbstversorgung und Selbstverwaltung wohnt eine enorme Würde und Kraft inne.

SH: *Vom Standpunkt der buddhistischen Wirtschaftslehre her ist die Produktion aus am Ort verfügbaren Mitteln für am Ort entstehende Bedürfnisse die vernünftigste Art des Wirtschaftslebens, während Abhängigkeit von Einfuhren, die von weither kommen, und die sich daraus ergebende*

Notwendigkeit, für die Ausfuhr an unbekannte und weit entfernt lebende Völker zu produzieren, in hohem Maße unwirtschaftlich und nur in Sonderfällen und in kleinem Rahmen zu rechtfertigen. Ebenso wie der moderne Wirtschaftswissenschaftler zugeben würde, dass ein großer Bedarf an Verkehrs-Dienstleistungen zwischen der Wohnung und dem Arbeitsplatz eines Menschen bedauerlich und nicht Zeichen eines hohen Lebensstandards ist, wäre der buddhistische Wirtschaftswissenschaftler der Ansicht, dass die Befriedigung menschlicher Wünsche aus weit entfernten Quellen statt aus nahegelegenen eher ein Zeichen für Versagen als für Erfolg ist.[171]

Vorrangig sollte Subsistenzwirtschaft ermöglicht werden, gefolgt von solidarischen Wirtschaftsweisen, lokalen und regionalen Märkten. Das erfordert wirtschaftliche und politische Eigenständigkeit, die noch zu erkämpfen sein wird. Im Hinblick auf Eigenständigkeit brauchen wir *einen konzertierten Emanzipationsprozess, der von der lokalen Ebene aus eingeleitet werden muss. Hier entstehen die wahren demokratischen Gegenkräfte in den Bereichen Politik, Wirtschaft, Sozialwesen, Kultur und Umwelt, ebenso wie der Keim für eine neue staatliche Institutionalität, eine erneuerte Marktlogik und ein verändertes Zusammenleben in der Gesellschaft. Diese Gegenkräfte dienen als Grundpfeiler für eine kollektive Strategie zum Aufbau eines partizipativen und solidarischen Lebens in Gemeinschaft: eben des ‚Guten Lebens'.*[172]

RB: *Um Eigenständigkeit zu verwirklichen, müssen kollektive Entscheidungen über die ‚selektive und zeitweilige Trennung vom Weltmarkt'*[173] *getroffen werden. Diese Trennung kann allmählich und von unten aus vor-*

genommen werden: von der Region bzw. regional im Hinblick auf das Land und danach vom Land in Bezug auf den Weltmarkt.[174]. *Die Dezentralisierung spielt dabei eine ganz wichtige Rolle, denn die lokale Gesellschaft übernimmt bei den zu treffenden Entscheidungen wieder ihre führende Rolle und Kontrolle. Beispiele wären die Herstellung der Ernährungssouveränität aus der bäuerlichen Welt, unter Beteiligung der Verbraucher und Verbraucherinnen oder Null-Kilometer-Initiativen, die großen Wert auf kurze Entfernungen zwischen Herstellungsort und Verbrauchsort legen. Noch bessere Ergebnisse könnten Bemühungen um Eigenständigkeit erzielen, wenn sie von der Zentralregierung unterstützt würden.*[175]

KO: Sie haben jetzt den Begriff der Eigenständigkeit eingeschoben. Ist das eine Notwendigkeit für lokale und regionale Wirtschaftskreisläufe oder für eine Subsistenzwirtschaft?

SH: Ja, in gewisser Weise schon. Dafür *ist die Machbarkeit einer modernen Subsistenzökonomie nicht von neuen wissenschaftlichen Erfindungen abhängig. Sie beruht vielmehr auf der Fähigkeit einer Gesellschaft, sich auf fundamentale, selbstgewählte, antibürokratische und antitechnokratische Beschränkungen zu einigen.*[176]

RB: Ich *sehe nur eine logisch denkbare Alternative zum Industriesystem: Abwendung vom Konsum, Herauslösung aus dem Konsumzwang seitens der Verbraucher, die zunehmend die Erfahrung einer steigenden Kontraproduktivität warenintensiven Lebens machen; und die Hinwendung eben dieser Menschen zu einer modernen, dezentralisier-*

ten Subsistenzwirtschaft, die durch Alternativtechnologie in undenkbar vielen Erscheinungsformen möglich geworden ist. Zu dieser auf Freiheit gebauten Alternative kann Katastrophe nicht zwingen, während Tugend noch niemals eine ganze Gesellschaft zum Verzicht geführt hat. Nur wenn das neue Leitbild des Homo subsistens so verstanden wird, dass weniger unter Zwang gearbeitet und viel mehr genossen werden kann – unter Bedingungen eines Abbaus der Sozialunterschiede -, ist diese Alternative möglich.[177]

BAZ: *Der US-Soziologe Jeremy Rifkin spricht vom peak globalization, dem Scheitelpunkt der Globalisierung. Was dann? Danach können - müssen! - die lokalen und regionalen ökonomischen Kreisläufe übernehmen. Dann bekommen die Elemente der Subsistenzwirtschaft, Eigenarbeit und Selbstversorgung jenseits von Markt und Staat plötzlich wieder Bedeutung. Dann bekommt auch der Zusammenhalt eines lokalen Gemeinwesens - die Nachbarschaft - einen neuen Sinn.*[178]
Gewiss: *Gemeinsame Gütererzeugung* – sei es zur Selbstversorgung oder in genossenschaftlichen Werkgemeinschaften - *fordert den Menschen tiefer an als gemeinsamer Güterbezug zu individuellem Verbrauch, sie umfasst weit mehr von seinen Lebenskräften wie auch von seiner Lebenszeit.*[179] Ich sprach deshalb auch bereits von der Würde gemeinschaftlicher Selbstversorgung und Selbstverwaltung.

KO: Wenn neue wissenschaftliche Erfindungen nicht notwendig sind, wie sieht es dann mit Grund und Boden aus?

RB: Grund und Boden sind für Selbstversorgung und fürs Wohnen notwendig. Das Land ist restlos aufgeteilt. Derjenige, der Land besitzt, kann es natürlich zum Zwecke der Selbstversorgung nutzen. Viele haben diese Möglichkeit nicht. Wenn sie Glück haben, haben sie einen Balkon. Diesen Menschen *ist es durch ein strukturell perverses System von kommerziellen Beziehungen und Eigentumsverhältnissen verwehrt, in den Besitz der notwendigen Güter und Ressourcen zu gelangen, um ihre Lebensbedürfnisse zu befriedigen.*[180] Ich halte die Bodenordnung deshalb für ungerecht. Sie schränkt die Freiheit der Vielen ein.

SH: Bis vor kurzem war Selbstversorgung ja noch verpönt. Fremdversorgung galt als Wohlstand. Selbst in städtischen Kleingartenanlagen wurde immer weniger eigenes Gemüse erzeugt. Das hat sich durch die ständigen Ernteausfälle und die entsprechenden Preissteigerungen natürlich längst geändert. Und da stimmt es, was Rebekka Borchert gesagt hat. Grund und Boden sind ein stark limitierender Faktor. Die Würde der Selbstversorgung, von der Bischof Zobel sprach, bleibt der Mehrzahl der Menschen vorenthalten. Sie sind auf Lohnarbeit verwiesen.

BAZ: Selbstversorgung bezieht sich ja nicht nur auf die Erzeugung von Lebensmitteln. Viele Schrauber bauen sich im Keller manche Gebrauchsgegenstände zusammen. Auch im sozialen Miteinander, im Dienst am Nächsten wurde jahrzehntelang auf professionelle Fremdversorgung gesetzt. Hier brauchen wir eine Trendumkehr, die von Grund und Boden gänzlich unabhängig ist. Aber ich will nicht vom Thema ablenken. *Gott hat die Erde dem ganzen Menschengeschlecht geschenkt, ohne jemanden auszuschließen oder zu bevorzugen, auf dass sie alle seine Mitglieder ernähre.*[181] Heute sind wir uns unter Gläubigen und Nicht-

gläubigen darüber einig, dass die Erde im Wesentlichen ein gemeinsames Erbe ist, dessen Früchte allen zugutekommen müssen. Für die Gläubigen verwandelt sich das in eine Frage der Treue gegenüber dem Schöpfer, denn Gott hat die Welt für alle erschaffen. Folglich muss der gesamte ökologische Ansatz eine soziale Perspektive einbeziehen, welche die Grundrechte derer berücksichtigt, die am meisten übergangen werden. Das Prinzip der Unterordnung des Privatbesitzes unter die allgemeine Bestimmung der Güter und daher das allgemeine Anrecht auf seinen Gebrauch ist eine ‚goldene Regel' des sozialen Verhaltens und das ‚Grundprinzip der ganzen sozial-ethischen Ordnung'[182].[183] Die christliche Tradition hat das Recht auf Privatbeseitz niemals als absolut und unveräußerlich anerkannt und die soziale Funktion jeder Form von Privatbesitz betont.[184] Jedes Privateigentum ist immer mit einer 'sozialen Hypothek' belastet, damit alle Güter der allgemeinen Bestimmung dienen, die Gott ihnen zugeteilt hat.[185]

SH: Meines Erachtens *hat jeder Bauer ein natürliches Recht darauf, ein angemessenes Stück Land zu besitzen, wo er seine Wohnstätte errichten, für den Lebensunterhalt seiner Familie arbeiten und existentielle Sicherheit haben kann. Dieses Recht muss garantiert werden, damit es keine Illusion bleibt, sondern konkret angewendet wird.*[186] Dieses Recht sollte auch für alle anderen Menschen gelten, die sich und ihre Familie ganz oder teilweise in Würde selbst versorgen wollen.

Ich möchte an dieser Stelle auch noch grundsätzlicher, gewissermaßen existentieller über den Eigentumsbegriff sprechen. Also nicht nur im Hinblick auf Grund und Boden oder Produktionsmittel. *Eigentum ist eine höchst per-*

sönliche Relation zwischen Mensch und Objekt.[187] Das ist ein stark limitierender Faktor im Hinblick auf das Individuum. Denn je mehr ich habe, desto dünner, also unpersönlicher wird die Beziehung zu dem Gut. Ich kann also nur begrenzt Eigentümer von Grund und Boden, von Produktionsmitteln und von allem anderen sein – existenziell gesehen. Juristisch sieht das bisher ganz anders aus. Aber das Grundgesetz und die sonstigen Gesetze sind ja nicht in Stein gemeißelt.

BAZ: Kompliment, Frau Hanstorf. Ich sagte ja schon zu Beginn: *Man muss den Mut haben, in eine Richtung zu gehen, in die bisher noch niemand gegangen ist*[188]. Ich möchte nun noch explizit auf die biblischen Grundlagen christlicher Ethik im Hinblick auf die Bodenordnung eingehen. Im Psalm 24 und im Buch Deuteronomium heißt es: *‚Dem Herrn gehört die Erde'*[189] *und ihm gehört letztlich ‚die Erde und alles, was auf ihr lebt'*[190]. *Darum lehnt Gott jeden Anspruch auf absolutes Eigentum ab. Im Buch Leviticus heißt es: ‚Das Land darf nicht endgültig verkauft werden; denn das Land gehört mir, und ihr seid nur Fremde und Halbbürger bei mir'*[191].[192] *Außerdem wurde alle sieben Jahre auch ein Sabbatjahr für Israel und sein Land eingerichtet*[193], *in dem man dem Land eine völlige Ruhe gewährte; es wurde nicht gesät und nur geerntet, was zum Leben und um Gastfreundschaft zu bieten unentbehrlich war.*[194] *Und schließlich wurde nach sieben Jahreswochen, das heißt nach neunundvierzig Jahren, ein Jubiläum gefeiert, ein Jahr der allgemeinen Vergebung und der ‚Freiheit für alle Bewohner des Landes'*[195]. *Zugleich war es aber die Anerkennung der Tatsache, dass das Geschenk der Erde und ihrer Früchte dem ganzen Volk gehört. Diejenigen, die das*

Land bebauten und hüteten, mussten seinen Ertrag teilen, besonders mit den Armen, den Witwen, den Waisen und den Fremden.[196]

RB: Vielen Dank, Bischof Zobel. Das ist mir so nicht bekannt gewesen. Darin steckt für die heutige Gesellschaft einiges an Zündstoff. Da wir beim Thema Boden sind, dürfen wir nicht nur über Selbstversorgung, sondern wir müssen auch und besonders über die heutige Landwirtschaft sprechen. Die leidet einerseits unter den ständigen Ernteausfällen und den horrenden Pachtpreisen. Landflucht allerorten. Sie ist andererseits maßgeblich für die Nitrat- und Pestizidbelastung des Grundwassers und für die dramatisch verringerte Bodenfruchtbarkeit verantwortlich. Wir beobachten einen *atemberaubenden Wettlauf zwischen sinkender Bodengesundheit und immer komplizierterer vorwiegend chemischer Bodenbehandlung.*[197]
Statt nun nach Mitteln zur Beschleunigung der Landflucht sollten wir nach Lösungen suchen, die ländliche Kultur wieder zu errichten, das Land einer größeren Anzahl von Menschen zur lohnenden Beschäftigung zugänglich zu machen, gleich ob das als Hauptberuf oder im Nebenberuf geschieht, und all unser Tun auf dem Lande auf das dreifache Ideal der Gesundheit, Schönheit und Dauerhaftigkeit auszurichten.[198] Es war ja deshalb richtig, was Simone Hanstorf hinsichtlich des Rechts von Bauern und willigen Selbstversorgern auf ein Stück Land sagte.
SH: *Die Landwirtschaft hat nicht nur eine Aufgabe, die rein wirtschaftliche Aufgabe, möglichst billige Produkte hervorzubringen, sondern zugleich mindestens drei andere – die Gesundheit von Boden, Pflanzen und Tieren zu wahren; die Schönheit der Landschaft zu pflegen – oder*

wiederherzustellen; und eine ausreichende Anzahl von Menschen mit der lebenden Natur in Verbindung halten, so dass dadurch dem naturfremden Denken des Stadtmenschen ein Gegengewicht gesetzt werden kann.[199]

KO: Hier kommen wir auf ein anderes Gegensatzpaar: Freiheit und Ordnung. Wir könnten auch sagen: Freiheit und Staat.

RB: *Wir müssen immer das gleichzeitige Bedürfnis nach Ordnung und Freiheit berücksichtigen. Jede Organisation muss ständig darauf achten, die Ordnung geordnet und die schöpferische Freiheit ungeordnet zu erhalten. Die besondere Gefahr großer Organisationen liegt darin, schöpferische Freiheit zugunsten der Ordnung zu vernachlässigen. In der Zentralisierung äußert sich hauptsächlich die Vorstellung der Ordnung, in der Dezentralisierung die der Freiheit. Ordnung verlangt Intelligenz und fördert Leistung, wohingegen Freiheit Einfühlungsvermögen schärft und zugleich hervorbringt. Freiheit führt zur Neuerung.*[200]

BAZ: *Menschen sind nur bis zu einem gewissen Grade fähig, aus Freiwilligkeit rechtschaffen miteinander zu leben, aus Freiwilligkeit eine gerechte Ordnung zu wahren und von ihr aus die gemeinsamen Angelegenheiten zu verwalten. Die Linie, die jeweils diese Fähigkeit begrenzt, ist die jeweilige Grundlage des Staates; mit anderen Worten: das Maß der jeweiligen Unfähigkeit zur freiwilligen gerechten Ordnung bestimmt das Maß des rechtmäßigen Zwanges.*[201]

SH: *Sehr gut gesprochen, Bischof Zobel. Das wirkliche*

Leben zwischen Menschen und Menschen aber spielt sich nicht in dem Abstraktum des Staates ab, sondern wesentlich da, wo eine Vitalität des räumlichen, funktionellen, gefühlhaften und geistigen Miteinander besteht: in der Gemeinde; der Dorf- und Stadtgemeinde, der Arbeits- und Werkgenossenschaft, der Kameradschaft, der religiösen Einung. Dieses wirkliche Leben ist heute verdrückt, zurück gedrängt, beiseite geschoben; der Homunkulus Staat hat den Gemeinden das Blut aus den Adern gesogen, so dass er in all seiner Abstraktheit und Mittelbarkeit strotzenden Leibes, ganz als wäre er ein Lebewesen und kein Artefakt, über den verkümmerten waltet; verkümmert ist die Dorf- und Stadtgemeinde zum Glied eines Verwaltungsapparates, die Genossenschaft zum Werkzeug einer Wirtschaftspartei, die Kameradschaft zum Verein, die religiöse Einung zum kirchlichen Sprengel. Es gilt ihnen allen Blut, Kraft und vollgültige Realität wiederzugeben; es gilt das wirkliche Leben zwischen Menschen und Menschen freizumachen. Die Gesellschaft ist heute ein Organismus aus absterbenden Zellen, eine gespenstische Tatsache, die durch das zuverlässige Funktionieren eines scheinorganischen Mechanismus aus höchstleistungsfähigen Teilen, des Staates, verdeckt wird.[202]

Zur Dualität Freiheit und Ordnung möchte ich sagen: Wir brauchen immer zugleich Freiheit und Ordnung. Wir brauchen die Freiheit sehr vieler kleiner unabhängiger Einheiten und zugleich das Ordnungssystem einer großen, möglichst erdumspannenden Einheit und Angleichung. Wenn es darum geht zu handeln, sind offenbar kleine Einheiten erforderlich, weil das Handeln stark auf die Person bezogen ist und man zu einem gewissen Zeitpunkt nicht mit mehr als einer sehr begrenzten Anzahl von Menschen zusammen sein kann. Geht es aber um Gedanken, Grundsätze oder Ethik, um die Unteilbarkeit des Friedens und auch der Ökologie, müssen wir die Einheitlichkeit der Menschheit erkennen und unsere Handlungen dieser Erkenntnis unterordnen.[203]

RB: *Unsere wesentliche Aufgabe ist es, Tag um Tag zu prüfen, welches das Maximum von Freiheit ist, das heute verwirklicht werden kann und darf, wieviel Staat heute noch notwendig ist, und immer wieder die praktischen Konsequenzen zu ziehen. Vermutlich wird es nie, solange der Mensch ist wie er ist, Freiheit schlechthin und wird es ebenso lange Staat d.h. Zwang geben; worauf es ankommt, ist, Tag um Tag: nicht mehr Staat als unentbehrlich, nicht weniger Freiheit als zulässig. Und Freiheit heißt, sozial betrachtet, vor allem Freiheit zur Gemeinschaft, freie, vom staatlichen Zwang unabhängige Gemeinschaft.*[204] Frau Hanstorf hat zu Recht die Bedeutung der Gemeinde hervorgehoben. *Dazu gehört freier Raum für die Gemeinden, unbestrittene Geltung ihres Willens innerhalb ihres natürlichen Umkreises, uneingeschränktes Wirken im Rahmen ihrer natürlichen Aufgaben, gehört wahre Autonomie; die ihre Grenze am Zwischengemeindlichen und Übergemeindlichen findet, an alledem, was gemeinsame Sache mehrerer Gemeinden ist und in geeigneter Weise – am zweckmäßigsten wohl in einem gestaffelten Vertretungssystem – von gemeinsamen Organen zu beraten, zu beschließen, zu verwalten ist.*[205]

SH: *Es darf sich keine das Ganze einheitlich normierende Zwangsordnung ergeben, die das für das Werden einer echten Gesellschaft fundamentale unentbehrliche Element der Spontaneität, der Gestaltung von innen her, also auch der*

Vielfältigkeit, nicht aufkommen lassen würde.[206]

KO: Beim Gegensatzpaar Freiheit versus Ordnung sind wir beim Subsidiaritätsprinzip angekommen. *Der Gedanke der Subsidiarität besagt: Was der Einzelne aus eigener Initiative und mit eigener Kraft leisten kann, darf ihm nicht entzogen und der Gesellschaftstätigkeit zugewiesen werden.*[207]

SH: *In dem Maße, in dem der Einzelne oder die Gliedgemeinschaft sich selbst helfen können, haben sie sowohl die Pflicht als auch das unverzichtbare Recht dazu. Die Ausübung dieses Rechts setzt voraus, dass die politische Verfassung der Gesellschaft und ihre Rechtsordnung die Bedingungen schaffen, die eine Gestaltung und Regelung gesellschaftlicher Sachverhalte durch die Nächstbeteiligten gestatten und begünstigen. Das Subsidiaritätsprinzip findet seinen Niederschlag damit nicht nur im Verzicht des Staates auf Regelung aller Lebenssachverhalte; Es ist vielmehr zugleich die Grundlage für eine rechtliche Verfassung der Gesellschaft, die ihren Gliedern und Bürgern nicht nur Aufträge zur selbständigen Durchführung überträgt, sondern wichtige Bereiche der Gesellschaft, wesentliche Aktivitäten und Leistungen der eigenverantwortlichen, sprich: autonomen Gestaltung der Bürger auf Dauer zuweist.*[208]

BAZ: Sie sprachen von Recht und Pflicht zur Selbsthilfe. Das finde ich sehr gut. Denn *es ist sinnlos, über die Würde des Menschen zu sprechen, ohne anzuerkennen, dass sie auch Verpflichtung ist.*[209]

RP: *Das Subsidiaritätsprinzip ist das Prinzip der untergeordneten Aufgaben. Zu diesem gehört auch, dass die Be-*

weislast stets bei jenen liegt, die einer unteren Ebene Aufgaben und damit Freiheit und Verantwortlichkeit wegnehmen wollen. Sie müssen beweisen, dass die untere Ebene nicht in der Lage ist, diese Aufgabe zufriedenstellend zu erfüllen, und die höhere Ebene dazu weit besser geeignet ist. Die Gegensätze von Zentralisierung und Dezentralisierung liegen nun weit hinter uns: das Prinzip der Subsidiarität lehrt uns, dass die Zentralgewalt an Autorität und Leistungsfähigkeit gewinnt, wenn Freiheit und Verantwortlichkeit der unteren Ebene sorgfältig bewahrt werden, mit dem Ergebnis, dass die Organisation insgesamt ‚besser und glücklicher' wird.[210]

KO: Ein Gegensatzpaar, über das wir schon implizit gesprochen haben, lautet Wirtschaftsweise versus Lebensstil. Wer kann, bevor wir zum Thema Lebensstile kommen, eine Art Fazit zum Thema Wirtschaften beisteuern? .... Es braucht nicht druckreif zu sein.

SH: *Wir brauchen 1. eine Wiederherstellung echt schöpferischer Arbeit durch Entwicklung einer vereinfachten, vermenschlichten Technik; 2. eine radikal vereinfachte Lebensweise; 3. die Anerkennung des Vorrangs des Biologischen; 4. die Entwicklung einer dezentralisierten Wirtschaftsstruktur mit vorwiegend kleinen Betrieben und 5. die weitgehende Selbstversorgung kleiner, kohärenter Gruppen.*[211]

KO: Bischof Zobel, Rebekka Borchert, stimmen Sie zu oder möchten Sie noch etwas ergänzen?

BAZ: Die Richtung stimmt. Wir müssen von einer *Ökonomie* *des Überflusses zu einer Ökonomie der Fülle*[212] kommen.

RP: Ich bin mit dem Gesagten einverstanden.

KO: Dann können wir zum Thema Lebensstil kommen, das wir implizit schon häufig geschnitten haben: bei der Frage nach Gutem Leben, bei Genug und Übergenug. *Inzwischen haben alle Völker der westlichen Industrienationen gelernt, dass die Ausschöpfung des technologischen Fortschritts einen Preis hat, der nicht nur mit Geld, sondern zu einem erheblichen Teil mit unwohnlichen Städten, verstopften Straßen, verschmutzter Luft, verseuchtem Wasser, mit Lärm und nicht zuletzt mit menschlicher Substanz bezahlt werden muss.*[213]

RB: *Wenn die Zentren der großen Städte veröden, weil die Menschen aus ihnen fliehen, wenn die Wohnverhältnisse in den Ballungsgebieten nicht nur zur physischen Zumutung, sondern zum psychischen Problem werden, wenn der großstädtische Verkehr von breiten Bevölkerungsgruppen als unerträglich empfunden wird und sich in der Bundesrepublik Deutschland jeder Zweite dauernd durch Lärm erheblich belästigt fühlt, dann sind dies Zeichen einer Fehlentwicklung, die das menschliche Dasein beeinträchtigen und sich nicht durch eine Steigerung des materiellen Wohlstandes ausgleichen lassen. Auch sie liegen der Forderung nach der Verbesserung der Qualität des Lebens zugrunde.*[214]

BAZ: *Die moderne städtische Gesellschaft gründet auf Beziehungen technischer und utilitaristischer Art, wo Entfremdung und Konkurrenz an die Stelle der zwischen-*

menschlichen Offenheit getreten ist.[215] Wir sollten *gegen die Atomisierung der Gesellschaft kämpfen, die eine Folge von Verstädterung, Industrialisierung und Zentralisierung der Regierungsgewalt war*[216].
Es ist kulturwidrig geworden, wieder einen Lebensstil mit Zielen zu wählen, die zumindest teilweise von der Technik, von ihren Kosten und ihrer globalisierenden und vermassenden Macht unabhängig sein können. Die Entscheidungsfähigkeit, die ganz authentische Freiheit und der Raum für die eigenständige Kreativität der Einzelnen nehmen ab.[217]

KO: Frau Borchert sprach den motorisierten Individualverkehr an. Der ist sicher ein besonderes Kennzeichen unseres Lebensstils. Bleiben wir deshalb etwas bei diesem Aspekt.

RB: *Je mehr Autos es gab, desto mehr behinderten sie sich gegenseitig, und desto unseliger wurden die Sekundärfolgen – Lärm, Abgase, Tote und Verletzte, Zerstörung von Städten und Landschaft durch Autostraßen etc.*[218]
Autos schaffen Entfernungen, die Geschwindigkeit in allen ihren Formen engt den Raum ein. Man schlägt Autoschneisen durch übervölkerte Regionen, dann presst man den Menschen Autobahngebühren ab, die sie ‚berechtigen', die Distanzen zu überwinden, welche das Verkehrssystem selbst erforderlich macht. Wie ein Monstrum verschlingt dieses Verkehrsmonopol den Raum.[219]

KO: Sie sprechen die Geschwindigkeit an. Andere sprechen von der Freiheit durch Automobilität, wobei Sie schon darauf hinweisen, dass sich die vielen Autos selbst im Wege stehen. Gibt es eine Art Geschwindigkeitswettlauf?

BAZ: Ja. Für mich *ist der Geschwindigkeitswettlauf eine Form geistiger Störung.*[220] Das gilt nicht nur für den Autoverkehr.

SH: *Der Verkehr machte den Menschen zu einem Heimatlosen neuen Typus: einem Geschöpf, das dauernd seinem Bestimmungsort fern ist und ihn aus eigener Kraft nicht erreichen kann, doch täglich erreichen muss. Heute arbeiten die Menschen einen erheblichen Teil des Tages, um das Geld zu verdienen, das sie brauchen, um überhaupt zur Arbeit zu kommen.*[221]
Und: *Jenseits einer kritischen Geschwindigkeit schaffen Motorfahrzeuge entfremdende Entfernungen, die nur sie überbrücken können. Abwesenheit wird zur Regel, Anwesenheit zur Ausnahme.*[222]
Der tägliche Radius eines jeden erweitert sich auf Kosten der Möglichkeit, den eigenen Weg zu gehen[223].

RB: *Das Produkt der Transportindustrie ist der beförderungssüchtige Gewohnheitspassagier. Er ist aus jener Welt vertrieben, in der die Menschen sich noch immer aus eigener Kraft fortbewegen, und er hat das Gefühl verloren, im Mittelpunkt seiner Welt zu stehen. Er hat den Boden unter den Füßen verloren und ist auf das Rad geschnallt.*[224]
Hohe Geschwindigkeiten für alle bedeuten, dass jedem weniger Zeit für sich selbst bleibt, da die gesamte Gesellschaft einen wachsenden Anteil der verfügbaren Zeit für die Beförderung von Menschen aufwendet.[225]

BAZ: Das grenzt ja an Absurdität!

KO: Das finde ich auch, ist aber einleuchtend! – Können wir einmal versuchen, das Innenleben der Gesellschaft zu beleuchten? Ich meine das Miteinander und Gegeneinander, das Nebeneinander und Ineinander. Ich will nicht sagen, dass das eine heikle Frage sei. Mir scheint aber, dass es sich um einen wesentlichen Gesichtspunkt unseres Lebensstils handelt.

BAZ: Sie nehmen uns heute aber ganz schön ran!

KO: Ist die Fragestellung zu schwierig?

BAZ: Schwierig? Ja, und äußerst wichtig.

KO: Vielleicht kann uns Rebekka Borchert als Soziologin einen Einstieg in das Thema verschaffen.

RB: Schönen Dank auch! *Die Soziologie hat erkannt, dass die moderne abendländische Kultur den Weg von der Gemeinschaft zur Gesellschaft gegangen ist, dass der mechanische Typus des Zusammenlebens den organischen durchsetzt und aufgelöst hat.*[226] *Die Gemeinschaft ist Ausdruck und Ausbildung des ursprünglichen, die Totalität des Menschen vertretenden, naturhaft einheitlichen, bindungsgetragenen Willens, die Gesellschaft des differenzierten, vom abgelösten Denken erzeugten, aus der Totalität gebrochenen, vorteilsüchtigen.*[227] *Gemeinschaft ist gewachsene Verbundenheit, innerlich zusammengehalten durch gemeinsamen Besitz (vornehmlich des Bodens), gemeinsame Arbeit, gemeinsame Sitte, gemeinsamen Glauben; Gesellschaft ist geordnete Getrenntheit, äußerlich zusammengehalten durch Zwang, Vertrag, Konvention, öffentliche Meinung.*[228]

Schauen wir noch einmal auf die moderne Großstadt. Sie *ist eine gegliederte Einheit im mechanischen Schein, in Wahrheit eine Masse von ‚lauter freien Personen, die im Verkehr einander fortwährend berühren, ohne dass Gemeinschaft und gemeinschaftlicher Wille zwischen ihnen entstünde: anders als sporadisch oder als Überbleibsel der früheren und noch zugrunde liegenden Zustände'[229].[230] In ungeheuren Zeichen erscheint hier die Auflösung der Gemeinschaft durch die Gesellschaft.*[231]

BAZ: Das war doch schonmal ein sehr guter Aufschlag! *Unser Zusammenleben ist nicht mehr elementares Ineinander, sondern angepasstes Nebeneinander.*[232] Ich möchte von einer gewissen Kollektivität sprechen.
Die Kollektivität ist nicht Verbindung, sie ist Bündelung: zusammengepackt Individuum neben Individuum, gemeinsam ausgerüstet, gemeinsam ausgerichtet, von Mensch zu Mensch nur so viel Leben, dass es den Marschtritt befeure. Gemeinschaft aber, werdende Gemeinschaft - nur die kennen wir bislang - ist das Nichtmehr-nebeneinander-, sondern Beieinandersein einer Vielheit von Personen, die, ob sie auch mitsammen sich auf ein Ziel zu bewege, überall ein Aufeinanderzu, ein dynamisches Gegenüber, ein Fluten von Ich zu Du erfährt: Gemeinschaft ist, wo Gemeinschaft geschieht.
Die Kollektivität gründet sich auf einem organisierten Schwund der Personhaftigkeit, die Gemeinschaft auf ihrer Steigerung und Bestätigung im Zueinander. Die Kollektivitätsbeflissenheit der Stunde ist Flucht vor der Gemeinschaftsprobe und Gemeinschaftsweihe der Person, vor der den Einsatz des Selbst heischenden vitalen Dialogik im Herzen der Welt.[233]

SH: *Es geht um das wirkliche Zusammenleben der Menschen, die Echtheit von Mensch zu Mensch, die Unmittelbarkeit der Beziehungen. Wirkliches Miteinanderleben von Mensch zu Mensch kann nur da gedeihen, wo die Menschen die wirklichen Dinge ihres gemeinsamen Lebens miteinander erfahren, beraten, verwalten, wo wirkliche Nachbarschaften, wirkliche Werkgilden bestehen. Politisch bedeutet das die Forderung weitgehender Gemeindeautonomie.*[234]

KO: Halten wir die Unterscheidung einmal fest: *Gemeinschaft als ein auf unmittelbare persönliche Beziehungen begründeter Organismus, und Gesellschaft als eine massenhaft-mechanische Anhäufung von Menschen.*[235]

BAZ: *Gewiss, wir können nicht hinter die mechanisierte Gesellschaft zurück gehen; aber wir können über sie hinausgehen, zu einer neuen Organik.*[236]

KO: Wir sind in unserem Gespräch ausgegangen von der Frage nach Mutlosigkeit. Über die Schemen einer Utopie sind wir zur Frage des Lebensstils und zur persönlichen Haltung menschlicher Nähe gekommen.

BAZ: *Ich rede nicht von Nähe, sondern von Beziehung. Das ist eine klare, einfache, aber sehr wichtige Unterscheidung. Keinesfalls stellt die bloße Zugehörigkeit zu einer Gruppe bereits eine wesenhafte Beziehung der Mitglieder untereinander dar. Gewiss muss der menschlichen Beziehung auch eine gewisse Distanz zugrunde liegen; ein Menschen muss er selbst sein, um in Beziehung zu einem Mitmenschen treten zu können. Doch eben der Mensch, der zum Einzelnen, zur echten Persönlichkeit geworden ist, vermag wesenhafte*

vollkommene Gemeinschaft mit dem Andern zu erlangen. Die große Beziehung besteht nur zwischen echten Persönlichkeiten. Verwirklichung des Du, echte Gemeinschaft, auch in größerem Rahmen, kommt nur in dem Maße zustande, wie die Einzelnen in ihrer Vereinzelung bestehen, denn aus deren eigenständiger Existenz geschieht die ständige Erneuerung der Gemeinschaft. [237]
Es geht auch *nicht an,* Herr Olsen, *das als utopisch zu bezeichnen, woran wir unsere Kraft noch nicht erprobt haben. Wie viel Raum Gott uns einräumt, können wir nur erfahren, wenn wir darauf losgehen. Dann werden wir erkennen, wieviel Schicksalsgenossenschaft es in dieser unserer Welt gibt. Es sind das freilich auch eminent politische Probleme.* [238]

RB: *Eine Änderung der Lebensstile könnte dazu führen, einen heilsamen Druck auf diejenigen auszuüben, die politische, wirtschaftliche und soziale Macht besitzen.* [239] *Allerdings wird die Entwöhnung vom Wachstum schmerzhaft sein. Sie wird schmerzhaft für die Übergangsgeneration sein, und vor allem für die am meisten vergifteten unter ihren Mitgliedern.* [240]

SH: Ich möchte noch einmal auf die Gesinnung der Gemeinschaftlichkeit zurückkommen. *Diese waltet nicht da, wo man gemeinsam, aber gemeinschaftslos einer widerstrebenden Welt die ersehnte Änderung der Einrichtungen abringt, sondern wo der Kampf, der gekämpft wird, von einer um ihre eigene Gemeinschaftswirklichkeit ringenden Gemeinschaft aus gekämpft wird. Aber auch das Künftige wird hier mitentschieden; alle politischen ‚Durchsetzungen' sind bestenfalls Hilfstruppen der kernwandelnden*

Wirkung, die auf den unübersehbaren Bahnen der heimlichen Geschichte der Augenblick der Verwirklichung übt.[241]
Bedingungen lassen sich durch die Politik in der Welt schaffen; aber Leben entsteht nur durch Leben.[242]

BAZ: *Es ist wahr, dass der Strom des Lebens vom Schöpfer ausgeht, dass wir eingefügt sind in ein Geschehen, das schlechthin nicht von uns ausgeht, dass wir eingesetzt sind, schöpfungsmäßig, auf diese Erde. Aber gerade darum ist es ebenso wahr, dass etwas von uns aus geschieht. Nur beides zusammen ist die Wirklichkeit.*[243]

RB: Mir scheint noch Folgendes wichtig: *Menschen können nur in kleinen, überschaubaren Gruppen sie selbst sein. Wir müssen daher lernen, uns gegliederte Strukturen vorzustellen, innerhalb derer eine Vielzahl kleiner Einheiten ihren Platz behaupten kann.*[244] *Ich unterscheide zwei Strukturarten, die ineinandergreifen: die wirtschaftliche als Föderation von Werkgruppen und die politische, die auf einer Dezentralisation der Macht, auf der Teilung der Gewalten, auf der Gewährung eines möglichst hohen Maßes der Souveränität an die Kommunen und die regionalen Verbände, auf der möglichst weitgehenden Ersetzung der Bürokratie durch eine lockere, direktere, sich von der natürlichen Gruppe aus aufbauende Führung der Geschäfte beruht.*[246]

SH: Eine gute *Ordnung kann nicht leben, ohne das lokale, unabhängige Leben in den kleinsten Einheiten zu schaffen – der Gasse, dem Häuserblock, dem Bezirk, der Gemeinde.*[247]
Nur von innen her, durch Wiederbelebung des Zellengewe-

bes kann sich die Heilung und Erneuung vollziehen. Die Gemeinde in all ihren Formen muss mit neuer Wirklichkeit gefüllt werden, mit der Wirklichkeit unmittelbarer, reiner, gerechter Beziehungen zwischen Mensch und Mensch, zwischen Menschen und Menschen, damit aus dem Zusammenschluss wahrhafter Gemeinden ein wahres Gemeinwesen erstehe.[248]

BAZ: Ich stimme mit Ihnen überein. *Das innere Gefüge des menschlichen Zusammenlebens kann überhaupt nicht durch dekretierte und beschlossene Institutionen, sondern nur durch eine von innen aufkeimende, allmählich sich ausbreitende Verjüngung des* – wie es Frau Hanstorf sagte – *Zellengewebes, durch die stete Bildung und Aneinandergliederung neuer echter kräftiger Gemeinschaftszellen – echter Genossenschaften, echter Gemeinden – durch ein Neuwerden und Echtwerden der Beziehungen von Mensch zu Mensch, von Gruppe zu Gruppe und so auch von Volk zu Volk erneuert werden.*[249]

KO: Ich denke, das war ein sehr gutes Schlusswort, Bischof Zobel. Ich danke Ihnen dreien für diese lebhafte und inspirierende Diskussion.

E. LITERATUR UND ANMERKUNGEN

1. Mehrfach verwendete Literatur:

A   **Acosta, Alberto:** Buen Vivir. Vom Recht auf ein gutes Leben, oekom Verlag, München, 2015

B   **Biedenkopf, Kurt H.:** Fortschritt in Freiheit, R. Pieper & Co. Verlag, München, 1974

C   **Buber, Martin:** Pfade in Utopia. Über Gemeinschaft und ihre Verwirklichung, Verlag Lambert Schneider GmbH, Heidelberg, 1985

D   **Illich, Ivan:** Fortschrittsmythen, Rowohlt Verlag GmbH, Reinbek bei Hamburg, 1978

E   **Illich, Ivan:** Selbstbegrenzung. Eine politische Kritik der Technik, Rowohlt Verlag GmbH, Reinbek bei Hamburg, 1975

F   **Ostrom, Elinor:** Die Verfassung der Allmende. Jenseits von Markt und Staat, Mohr Siebeck, Tübingen, 1999

G   **Oya,** Ausgabe 06, Verlag Oya Medien eG, Klein Jasedow, 2011

H   **Oya,** Ausgabe 43, Verlag Oya Medien eG, Klein Jasedow, 2017

I   **Oya,** Ausgabe 51, Verlag Oya Medien eG, Klein Jasedow, 2018

J   **Papst Franziskus:** Laudato si' (Enzyklika). Gelobt seist du, mein Herr, St. Benno Verlag GmbH, Leipzig, 2015

K   **Schumacher, Ernst Friedrich:** Es geht auch anders – Jenseits des Wachstums – Technik und Wirtschaft nach Menschenmaß, Verlag Kurt Desch GmbH, München, 1974

L   **Schumacher, Ernst Friedrich:** Small is Beautiful. Die Rückkehr zum menschlichen Maß, Verlag C. F. Müller GmbH, Heidelberg, 2. Auflage, 1995 (Originalausgabe: 1973 bei Blond & Briggs, London)

M   **Traube, Klaus:** Wachstum oder Askese? Kritik der Industrialisierung von Bedürfnissen, Rowohlt Taschenbuch Verlag GmbH, Reinbek bei Hamburg, 1979

N   **Weber, Bernhard:** Das Lassaner Modell. Für eine gerechtere und beschäftigungsfördernde Bundesfinanzpolitik sowie für eine einfache Gestaltung der sozialen Sicherungssysteme, Aufsatz, 2008, www.via-baltica-verlag.de/bestell_digital.html

O   **Weber, Bernhard:** Grundeinkommen und Allmendedienst als Teile eines neuen Gesellschaftsvertrages, Aufsatz, 2017, www.via-baltica-verlag.de/bestell_digital.html

P   **Woesthoff, Dietrich:** Der Anpassung widerstehen. Christliche Spiritualität und die Macht der Technik, Brunnen Verlag, Gießen, 1998

2. Anmerkungen:

[1] Ps 127,1
[2] s. Teil A des Anhanges
[3] s. Teil A des Anhanges, Art. 18, 18 a und 18 b
[4] s. Teil A des Anhanges, Art. 3 und 18 b
[5] vgl. O, S. 3 sowie Teil A des Anhanges, Art 18 c
[6] vgl. O, S. 4 ff und Teil A des Anhanges, Art. 18 c
[7] dto.
[8] vgl. O, S. 3 ff und Teil A des Anhanges, Art. 18 c und 18 d sowie das Bundesgesetz über das Grundeinkommen
[9] Ein Jubel entspricht zwei Euro.
[10] O, S. 5
[11] vgl. O, S. 4 f
[12] s. Teil A des Anhanges, Art. 3
[13] s. Teil A des Anhanges, Art. 17
[14] s. Anhang, Teil B
[15] s. Teil A des Anhanges
[16] vgl. N, S. 4 und S. 7 sowie Teil A des Anhanges, Art. 18 d
[17] vgl. die Programmatik der Ökologisch-Demokratischen Partei, ÖDP sowie Teil A des Anhanges, Art. 18 d
[18] vgl. F sowie dieselbe aus ihrer Nobelpreisrede 2009 in stichwortartiger Übertragung: Wenn's funktionieren soll. Gestaltungsprinzipien für Gemeingüter, in: Elinor Ostrom: Was mehr wird, wenn wir teilen. Vom gesellschaftlichen Wert der Gemeingüter, oekom Verlag, München, 2011 sowie Teil A des Anhanges, Art. 18
[19] vgl. Marie Amelie Freiin von Godin: Das albanische Gewohnheitsrecht, in: Zeitschrift für vergleichende Rechtswissenschaft, Bd. 56, S. 1-46, Bd. 57, S. 5-73, Bd. 58, S. 121-198; Eine genauere Zitation ist zurzeit nicht möglich, weil der Text nicht auffindbar ist.
[20] vgl. K, S. 212 sowie Teil A des Anhanges, Art. 19
[21] s. Teil A des Anhanges, Art. 17
[22] s. Teil A des Anhanges, Art. 3, 4 und 17
[23] vgl. Sarah Käsmayr: Das Rad neu erfinden, in: G, S. 37

[24] vgl. O, S. 4 ff sowie Teil A des Anhanges, Art 18 c sowie Bundesgesetz über das Grundeinkommen

[25] s. Teil A des Anhanges, Art. 17

[26] dto.

[27] vgl. die folgenden Ausführungen mit: Sabine Lutz: Shared Space. Geteilter Raum ist doppelter Raum, in: Silke Helfrich und Heinrich-Böll-Stiftung (Hg.): Commons. Für eine neue Politik jenseits von Markt und Staat, S. 295 ff, transcript Verlag, Bielefeld, 2012

[28] s. Teil A des Anhanges, Bundesgesetz über die Nutzung von Grund und Boden

[29] s. Anm. 27., S. 295

[30] vgl. Jörg Lange und Ralf Otterpohl: Abwasser. Handbuch zu einer zukunftsfähigen Wasserwirtschaft, S. 127 ff, Mall-Beton-Verlag, 2. Aufl., Donaueschingen-Pfohren, 2000, sowie: Anja Humburg und Andrea Vetter: Wohin mit unserem Mist?, und: Klug scheißen!, sowie: Lara Mallien: Humus ist Leben, sowie dies.: Schlammlawine. Klärschlamm: Gefahrenstoff – oder wertvolle Ressource?, alle vier in: H, S. 22 ff

[31] vgl. Ute Scheub, Haiko Pieplow, Hans-Peter Schmidt: Terra Preta. Die schwarze Revolution aus dem Regenwald: Mit Klimagärtnern die Welt retten und gesunde Lebensmittel produzieren, oekom Verlag, München, 2013, sowie: Andreas Schug: Futter für die Herde unter der Erde, in Oya, Ausgabe 26, S. 24 f, Oya Medien eG, Klein Jasedow, 2014, sowie: Lara Mallien: Schwarzes Gold, in: G, S. 16

[32] vgl. O

[33] vgl. L, S. 238

[34] vgl. N, S. 12 f

[35] Zur Finanzierung der sozialen Sicherungssysteme und staatlicher Leistungen sowie zu den Auswirkungen auf Betriebe und Beschäftigung vgl. N

[36] s. Teil A des Anhanges, Art. 3

[37] s. Teil A des Anhanges, Art. 17

[38] s. Teil A des Anhanges, Art. 22 sowie das Bundesgesetz über die Nutzung von Grund und Boden

39 vgl. K, S. 212 sowie Teil A des Anhanges, Art. 19
40 s. Teil A des Anhanges, Bundesgesetz über wirtschaftliche Tätigkeit
41 s. Teil A des Anhanges, Art. 3
42 s. Teil A des Anhanges, Art. 4
43 s. Teil A des Anhanges, Art. 17
44 vgl. den Abschnitt zur Wirtschaftsordnung mit Teil A des Anhanges, Art. 20 sowie das Bundesgesetz über wirtschaftliche Tätigkeit.
45 s. Teil A des Anhanges, Art. 17, sowie das Bundesgesetz zur elterlichen Sorge.
46 s. Teil A des Anhanges, Art. 1
47 vgl. den ganzen Abschnitt mit: Martin Buber: Pfade in Utopia, hier: der Gedanke der Vollgenossenschaft und des Gemeinschaftsdorfes, auch mit Bezug auf William King und William Thompson, Gromoslav Mladenatz oder Louis Blanc (Vollgenossenschaft), in: C, S. 114 f und 117 ff bzw. 229 ff (Gemeinschaftsdorf, Kwuza, Moschaw)
48 s. Teil A des Anhanges, Art. 3 und 17
49 Martin Buber: Pfade in Utopia, in: C, S. 30
50 vgl. Peter C. Dienel: Die Planungszelle. Der Bürger als Chance, Westdeutscher Verlag GmbH, Wiesbaden, 5. Auflage, 2002
51 Heinrich Cotta (Die Verbindung des Feldbaus mit dem Waldbau oder die Baumfeldwirtschaft, 1819), zitiert in: Philipp Gerhardt: In einer Waldlandschaft …, in I, S. 28 ff
52 vgl. Florian Hurtig: Am Anfang war die Esskastanie, in: I, S. 33 ff
53 s. Teil C des Anhanges. Der Großteil des Interviews ist eng, meist wörtlich angelehnt an O.
54 s. Teil D des Anhanges
55 Art. 28 Abs. 1 Satz 4 des Grundgesetzes
56 s. Teil A des Anhanges, Art. 17
57 s. Teil A des Anhanges, Art. 19
58 s. Teil A des Anhanges, Art. 3, 4 und 17

[59] s. Teil A des Anhanges, Art. 2
[60] vgl. Bernhard Weber: Vereinigte Staaten in Europa, Aufsatz, 2017, www.via-baltica-verlag.de/bestell_digital.html
[61] Ein Jubel entspricht 2 Euro.
[62] vgl. O, S. 3
[63] vgl. O, S.4 und 6 f
[64] zu den Absätzen 2 – 5 (außer Grundeinkommen) vgl. N, S. 4 ff
[65] vgl. N, S.4 und 6 ff (außer Wohlstands-Allmende)
[66] vgl. N, S. 4 ff
[67] vgl. K, S. 212
[68] eng, teils wörtlich angelehnt an O, S. 1 f; vgl. auch: Ist Mühe etwas wert?, sowie Matthias Fersterer: „Wir können (fast) alles.", beide in: G, S. 18 ff bzw. 12 ff sowie Christine Ax: Die Könnensgesellschaft. Mit guter Arbeit aus der Krise, Rhombos-Verlag, Berlin, 2009
[69] vgl. F
[70] 2. Kor 4,8b, Übersetzung von Hermann Klugkist Hesse aus einer Predigt des Jahres 1945, zur Verfügung gestellt von Gottfried Abrath
[71] Johannes Paul II.: „Man muss den Mut haben, in eine Richtung zu gehen, in die bisher noch niemand gegangen ist." – gefunden im Bremer Friedenstunnel
[72] Mahatma Gandhi, zitiert in: L, S. 29
[73] E, S. 85
[74] E, S. 90
[75] Carl-Friedrich von Weizsäcker (1992), in: P, S. 7
[76] P, S. 47
[77] vgl. P, S. 9
[78] P, S. 9 f
[79] Ivan Illich: Energie und Gerechtigkeit, in: D, S. 111
[80] B, S. 27 f
[81] A, S. 81
[82] K, S. 122

[83] A, S. 155 f
[84] A, S. 197
[85] E, S. 179
[86] A, S. 36
[87] A, S. 45
[88] Ivan Illich: Schöpferische Arbeitslosigkeit oder Die Grenzen der Vermarktung, in: D, S. 70
[89] E, S. 85
[90] E, S. 72 f
[91] M, S. 64
[92] P, S. 52
[93] K, S. 123
[94] P, S. 61 f
[95] L, S. 33
[96] Albert Camus, zitiert in: K, S. 226
[97] K, S. 48
[98] E, S. 13
[99] E, S. 12
[100] Alexander Mitscherlich, zitiert in: K, S. 123
[101] E, S. 12
[102] Martin Buber: Pfade in Utopia (Original 1945), in: C, S.90
[103] dto.
[104] Mahatma Gandhi, zitiert in: L, S. 67
[105] L, S. 139
[106] L, S. 139
[107] K, S. 127
[108] Martin Buber: Pfade in Utopia, in: C, S. 249
[109] E, S. 70
[110] E, S. 49
[111] J, Abschnitt 112
[112] Aldous Huxley, zitiert in: L, S. 30
[113] Franz Werfel, in: Das Lied von Bernadette, S. 35, Fischer Taschenbuch Verlag, 14. Auflage, 2013 (Original 1941)
[114] B, S. 36

[115] B, S. 31 f
[116] E, S. 88
[117] E, S. 13
[118] E, S. 39
[119] Ivan Illich: Schöpferische Arbeitslosigkeit oder Die Grenzen der Vermarktung, in: D, S. 70
[120] vgl. D, S. 46
[121] J, Abschnitt 204
[122] L, S. 135
[123] Martin Buber: Rückblende: Drei Diskussionsbeiträge Pfingsten 1928, in C, S. 388 f
[124] L, S. 40
[125] J, Abschnitt 203
[126] E, S. 122
[127] L, S. 265
[128] J, Abschnitt 223
[129] Das Zitat konnte nicht mehr ausfindig gemacht werden.
[130] A, S. 146
[131] L, S. 237
[132] dto.
[133] L, S. 237 f
[134] L, S. 238
[135] K, S. 211
[136] K, S. 212
[137] K, S. 213 f
[138] L, S. 239
[139] R. H. Tawney, zitiert in: L, S. 239 f
[140] Eduard Heimann (1928), zitiert in: Martin Buber, s. Anm. 123, S. 398
[141] K, S. 25
[142] K, S. 227
[143] E, S. 31
[144] L, S. 30
[145] Martin Buber in Anlehnung an William King, in: C, S. 114

146	Pierre-Joseph Proudhon, zitiert in: C, S. 65
147	Albert Einstein (um 1930): in: ders.: Mein Weltbild, S. 9, Lizenzausgabe im Ullstein Taschenbuch, 33. Auflage, 2015
148	Josef Pieper (1989), zitiert in P, S. 64
149	der ganze Absatz in P, S. 64
150	L, S. 135
151	P, S. 62
152	P, S. 64
153	Josef Pieper (1989), zitiert in P, S. 64 f
154	P, S. 65
155	Marianne Gronemeyer (1993), zitiert in: P, S. 14
156	der ganze Satz in: P, S. 14
157	P, S. 47
158	P, S. 50
159	L, S. 246 f
160	K, S. 221
161	L, S. 238
162	A, S. 193
163	J, Abschnitt 95
164	J, Abschnitt 23
165	J, Abschnitt 159
166	A, S. 184
167	J, Abschnitt 109
168	A, S. 107
169	E, S. 92
170	John Maynard Keynes, zitiert in: A, S. 162
171	L, S. 53
172	A, S. 164 (*Autozentrismus* ersetzt durch *Eigenständigkeit*)
173	Jürgen Schuldt, zitiert in: A, S. 148
174	A, S. 148 mit Bezug zu Jürgen Schuldt, (*Autozentrismus* ersetzt durch *Eigenständigkeit*)
175	A, S. 148

[176] Ivan Illich: Wider die Verschulung, in: D, S. 136 f
[177] Ivan Illich, zitiert in: M, S. 76
[178] Ulrich Grober: Der leise Atem der Zukunft. Vom Aufstieg nachhaltiger Werte in Zeiten der Krise, S. 248 f, oekom Verlag, München, 2016
[179] Martin Buber: Pfade in Utopia, in: C, S. 143 f
[180] J, Abschnitt 52
[181] Johannes Paul II (Enzyklika Centesimus annus, 1991), zitiert in: J, Abschnitt 93
[182] Johannes Paul II (Enzyklika Laborem exercens, S. 626, 1981), zitiert in: J, Abschnitt 93
[183] J, Abschnitt 93
[184] dto.
[185] Johannes Paul II (Ansprache an die Indios und Campesinos, Cuilapán, Mexikanische Republik, 1979), zitiert in: J, Abschnitt 93
[186] Bischofskonferenz von Paraguay, Hirtenbrief El campesino paraguayo y la tierra, 1983), zitiert in: J, Abschnitt 94 (*Campesino* ersetzt durch *Bauer*)
[187] K, S. 212
[188] s. Anm. 71
[189] Ps. 24,1
[190] Dtn, 10,14
[191] Lev 25,23
[192] Der biblische Teil übernommen aus: J, Abschnitt 67
[193] vgl. Lev 25, 1-4
[194] vgl. Lev 25, 4-6
[195] Lev. 25,10
[196] Absatz übernommen aus: J, Abschnitt 71
[197] K, S. 197
[198] L, S. 104
[199] K, S. 206 f
[200] L, S. 219
[201] Martin Buber mit Bezug auf Gustav Landauer, in: C, S. 93

[202] Martin Buber: Gemeinschaft (1919), in: C, S. 270
[203] L, S. 59
[204] Martin Buber: Pfade in Utopia, in: C, S. 186
[205] Martin Buber: Gemeinschaft (1919), in: C, S. 273
[206] Martin Buber: Pfade in Utopia, in: C, S. 148
[207] B, S. 144
[208] B, S. 155
[209] L, S. 98
[210] L, S. 220
[211] K, S. 49
[212] Lewis Mumford, zitiert in: M, S. 78
[213] B, S. 17
[214] B, S. 33
[215] Abraham Schapira (Nachwort: Werdende Gemeinschaft und die Vollendung der Welt. Martin Bubers sozialer Utopismus), in: C, S. 435
[216] dto., über Ferdinand Tönnies (1887)
[217] J, Abschnitt 108
[218] M, S. 50
[219] E, S. 96 f
[220] E, S. 79
[221] Ivan Illich: Energie und Gerechtigkeit, in: D, S. 93 f
[222] dto., S. 90
[223] dto., S. 84
[224] dto., S. 87
[225] dto., S. 93
[226] Martin Buber: Gemeinschaft (1919), in C, S. 263; hier mit Bezug auf Ferdinand Tönnies: Gemeinschaft und Gesellschaft, Leipzig, 1887,
[227] Martin Buber: Gemeinschaft (1919), in C, S. 263
[228] dto., S. 264
[229] Ferdinand Tonnies, zitiert in: Martin Buber: Gemeinschaft (1919), in: C, S. 264
[230] Der gesamte Satz in: Martin Buber: Gemeinschaft, in: C, S. 264

[231] Martin Buber: Gemeinschaft (1919), in: C, S. 264
[232] dto., S. 268
[233] Martin Buber: Kollektiv und Gemeinschaft (1932), in: C, S. 298 f
[234] Martin Buber: Rückblende: Drei Diskussionsbeiträge Pfingsten 1928, in: C, S. 387
[235] Abraham Shapira, a.a.O. S. 435, Bezug auf: Ferdinand Tönnies (Gemeinschaft und Gesellschaft, Leipzig, 1887)
[236] Martin Buber: Gemeinschaft (1919), in: C, S. 267
[237] Martin Buber: Kibbuzleben zwischen Nähe und Beziehung (1961), in C, S. 301
[238] Martin Buber: Rückblende: Drei Diskussionsbeiträge Pfingsten 1928, in: C, S. 387 f
[239] J, Abschnitt 206
[240] E, S. 150
[241] Martin Buber: Kollektiv und Gemeinschaft (1932), in: C, S. 298
[242] Martin Buber: Landauer zu dieser Stunde (1939), in: C, S. 345
[243] Martin Buber: Rückblende: Drei Diskussionsbeiträge Pfingsten 1928, in: C, S. 384
[244] L, S. 67
[245] entfällt
[246] Martin Buber mit Bezug auf Pierre-Joseph Proudhon, in: C, S. 69
[247] Fürst Peter Kropotkin, zitiert in: C, S. 87
[248] Martin Buber: Gemeinschaft (1919), in: C, S. 270 f
[249] Martin Buber, zitiert in: Abraham Schapira, a.a.O., in: C, S. 434